Anita Höhne

Geistheiler heute
Ihre Methoden – ihre Erfolge

Anita Höhne

Geistheiler heute

Ihre Methoden – ihre Erfolge

BAUER
Verlag Hermann Bauer
Freiburg im Breisgau

CIP-Titelaufnahme der Deutschen Bibliothek

Höhne, Anita:
Geistheiler heute : ihre Methoden, ihre Erfolge /
Anita Höhne. — 1. Aufl., 1.–8. Tsd. —
Freiburg im Breisgau : Bauer, 1991
ISBN 3-7626-0399-5

1. Auflage 1991 — 1.–8. Tsd.
ISBN 3-7626-0399-5

Umschlag: Markus Nies-Lamott, Freiburg im Breisgau.
Satz: Studiodruck, Nürtingen.
Druck und Bindung: Ebner Ulm.
Printed in Germany.

Inhalt

Vorwort

Das Wunder beginnt in uns

Ich werde das Mädchen nicht vergessen, das in schlotternden Kleidern vor mir stand. Eingefallen das Gesicht. Nur noch Haut und Knochen – das war die einzig richtige Beschreibung für das Kind. Ein schlimmer Fall von Magersucht. Ich konnte es fast nicht glauben, als mir bald nach der ersten Begegnung die Mutter sagen konnte: »Sie ißt und trinkt wieder ganz normal.« Eine Wunderheilung?

Ich denke oft auch an den Bub, der stotterte und stammelte. Er war schwer zu verstehen. Aber ich habe es miterlebt, wie er plötzlich zu sprechen begann – klar und deutlich, ohne zu stocken. Was war geschehen?

Ein paarmal habe ich auch den jungen Mann wiedergesehen, der mir immer zur Begrüßung ganz bewußt die Hände entgegenstreckte – als Beweis für sein neues Leben. Als wir uns kennenlernten, hatte er die Hände auf dem Rücken verborgen. Ein chronisches Hautleiden. Jahrelang litt er unter den Folgen einer Allergie. Wie sollte es weitergehen? Ärzte konnten ihm nicht helfen, wie sie auch dem stotternden Bub und dem magersüchtigen Mädchen nicht helfen konnten. Aber die drei sind jetzt geheilt.

Das sind drei von vielen hundert Fällen, die mir in den letzten zehn Jahren begegnet sind, als ich für dieses Buch die Arbeit von vierzig Geistheilern verfolgte. Ein einziges Interview, ein schneller Besuch durften mir dabei nicht genügen. Ich wollte sehen, was aus den Patienten geworden ist. Und aus den Heilern. Die geschilderten Krankengeschichten sind Einzelfälle, die ich herausgriff, aber sie sind keine Ausnahmen. Sie sind Beispiele für viele ungewöhnliche Heilungen.

Die letzten zehn Jahre brachten in dieser Beziehung einen erstaunlichen Wandel. Wir erleben, wie die ganze Welt der Medizin sich ändert, sich Neuem zuwendet und das zu akzeptieren beginnt, was sie bisher oft heftig ablehnte. Früher durften die Namen der Heiler nur unter der Hand genannt werden. Sie praktizierten meist heimlich, im Hinterzimmer ihrer Wohnung. Über ihrer Arbeit hing ein Vorhang des Schweigens, des Nicht-Wahrhaben-Wollens, der wissenschaftlichen Verachtung. Alles Scharlatane?

Die Schulmedizin hat ein Jahrhundert technischer Triumphe hinter sich; Jahrzehnte der chirurgischen Meisterleistungen. Organ-Transplantationen, Bypaß-Operationen wurden Routine. Laserstrahlen machten Unoperierbares operierbar. Aber dann entdeckte die Medizin, daß Heilung und Genesung mehr verlangen als die Reparatur oder den Austausch kranker Körperteile. Es kam in der Medizin beispielsweise das Wort *Psychoimmunologie* auf. Das Wort beschreibt die Steuerung der Körperabwehrkräfte durch pyschische Kräfte. Einfacher ausgedrückt bedeutet das: Die Seele steuert die Heilung. Das ist ein neues medizinisches Arbeitsfeld, zugleich eine uralte Erkenntnis der Heiler. Sie erklärt manches, was bisher unerklärlich erschien.

Die Wissenschaft hatte sich anderen Dingen zugewandt – nicht der Seele, sondern dem technischen Fortschritt. Jetzt erkennt man: Zwischen seelischen Störungen, Störungen der inneren Balance und dem Ausbruch von Krankheiten bestehen mehr Zusammenhänge, als man bisher zugeben mochte. Man hat Symptome kuriert, ohne zu deren Ursachen vorzustoßen…

Vieles, was bisher Humbug zu sein schien, wird nun von Ärzten untersucht: zum Beispiel Störungen der Aura (einem Strahlenmantel, der den Köper umgibt). Sie wird von sowjetischen Ärzten sogar fotografiert. Welcher deutsche Arzt wagte es, die Aura in die Untersuchung mit einzubeziehen? Ernsthafte sowjetische Ärzte tun es schon lange; für sie gehört auch der Strahlenmantel zu den akademischen Studienobjekten.

Bezeichnend für den Wandel der Medizin ist es, daß sich die Zahl der Menschen, die zu Naturheilmitteln greift, »seit Anfang der achtziger Jahre stürmisch entwickelt hat«, wie das Institut für Demoskopie in Allensbach feststellte. Zu gleicher Zeit wuchs das Mißtrauen gegenüber der Technik, der die Patienten immer stärker in den Arztpraxen und in den Krankenhäusern begegneten und der sie sich hilflos ausgeliefert fühlten. 1966 hielten zweiundsiebzig Prozent der Befragten die Technik eher für einen Segen. Die Zahl sank inzwischen auf zweiundreißig Prozent und geht nach allem, was man weiß, weiter zurück.

Die Grundgedanken der Naturheilkunde wurden plötzlich akzeptabel. Jene vierzig Heilerinnen und Heiler, von denen dieses Buch berichtet, erlebten den Wandel sozusagen hautnah. Sie konnten aus den Hinterzimmern hervorkommen und öffentlich praktiziere. Sie hatten auf einmal die Chance weiterzulernen, neue Verfahren einzusetzen und zu erproben. Früher gab man ihre Namen heimlich weiter – heute kann ich in diesem Report ihre vollen Anschriften nennen. Die Mehrzahl derer, die ich für dieses Buch beobachtete, arbeitet mit Ärzten zusammen. Einige werden sogar in Krankenhäuser geholt. Ihre Methoden sind anerkannt, denn heute ist es kein Geheimis mehr, daß es seelische Kräfte gibt, die heilen, Kräfte in uns, die sich übertragen lassen, Kräfte, die unsere traditionelle Schulmedizin ergänzen, nicht ersetzen.

Diese Kräfte stellen neue Anforderungen an den Patienten. Ich habe es an mir selbst erlebt. Am Anfang verhielt ich mich wie viele: Ich vertraute mich dem Heiler an, voller Hoffnung auf ein Wunder. Ich hatte ja schon einige kleine Wunder bei anderen erlebt.

Was ich jedoch lernen mußte: Handauflegen, Kraftübertragung, Gebete, das Stimulieren von Kräftezonen – das alles allein hilft nicht. Wenn die Heiler sagen, sie brauchen die Mithilfe der Patienten, so meinen sie: Wer krank ist, muß selbst mit suchen, was ihn krank werden ließ, muß selbst das Gleichgewicht wiederfinden, das er verloren hat. Es sind die besten Heiler, die dies vermögen: die Selbstheilungskräfte im anderen zu wecken und die eigenen Grenzen zu erkennen.

Anita Höhne

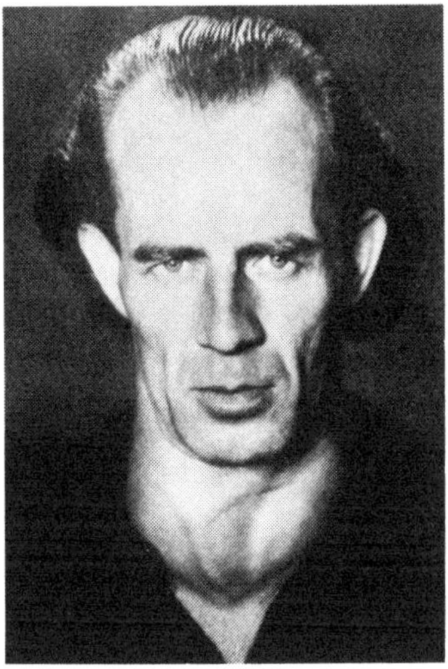

Bruno Gröning

und die Bruno-Gröning-Gemeinschaften

Ein Toter tut Wunder. Das glauben Tausende, und ihre Zahl wächst von Tag zu Tag. Der Tote ist Bruno Gröning, einst der erste und berühmteste Heiler der Bundesrepublik. Er starb vor dreißig Jahren. Aber seine Kraft, sagen seine Anhänger, wirkt noch weiter. Wer war dieser Bruno Gröning? Woher kam er? Gab und gibt es wirklich beweisbare Wunder – damals und heute? Ich habe die verläßlichsten Zeugen gesucht, Spurensuche in der Vergangenheit und in der Gegenwart betrieben. Und ich stieß auf vieles, was sich nicht erklären läßt...

Damals, 1949, wurde er über Nacht vom Hilfsarbeiter zum abgöttisch verehrten Heiler, von dem man biblische Wunder erhoffte. Und er hat sie, wenn man nüchternen Zeitgenossen glaubt, tatsächlich vollbracht.

Wenn Gröning nur sein Kommen ankündigte, begannen

schon Wallfahrten. Typisch die Szenen, die der Journalist Rudolf Spitz bei einem Gröning-Besuch im September 1949 in München beobachtete: »Um 19 Uhr standen Tausende in der Sonnenstraße. Um 22.30 Uhr standen sie noch. Ich habe in fünf Jahren Krieg viel erlebt, nie aber war ich erschütterter als in den vier Stunden, in denen ich Bruno Gröning gegenübersaß und eine grauenhafte Parade des Elends und der Leiden erlebte. Epileptiker, Blinde und Gelähmte auf Krücken drängten zu ihm. Mütter hielten Gröning ihre gelähmten Kinder entgegen. Es gab Ohnmächtige, Schreie klangen auf, flehende Hilferufe, Bitten, Wünsche, Stoßseufzer.« Kranke auf Tragbahren, Gelähmte, eine große Menschenmenge beobachtete ein anderer Münchner Journalist, Dr. Kurt Trampler, auch auf dem Traberhof bei Rosenheim, wo Gröning damals lebte. Trampler kam als Reporter der *Münchner Allgemeinen* – ein kühler Journalist, der nur festhielt, was er selbst sah und hörte:

»Wir hören jetzt vom Balkon her eine Stimme, die nicht die Grönings ist, und eilen ans Fenster. Der Münchner Polizeipräsident Pitzer spricht zu den Versammelten. Er berichtet, daß sich ein Ischiasleiden, das ihn seit Jahren geplagt habe, in Grönings Gegenwart gemildert habe. Pitzer ist bestimmt kein Mann, der zu hypersensiblen Vorstellungen neigt, aber was er an sich selbst beobachtet hat, kann er bezeugen. Jetzt bekennt er sich öffentlich zu Gröning, und der CSU-Abgeordnete Hagen folgt ihm mit einer gleichen Erklärung.«

Es geschah noch mehr Erstaunliches. Trampler war als Reporter angereist. Er wollte nur berichten, nichts weiter. Der Journalist war geh- und stehbehindert, aber – so schien es – ihm konnte wohl niemand mehr helfen. Er hatte im Bombenkrieg schwere Splitterbrüche des Fußwurzelknochens und des Wadenbeins erlitten. Dazu stellte sich Arthritis ein: Ohne Stock konnte er nicht mehr gehen. »Sie brauchen ihn nicht mehr«, sagte plötzlich Gröning zu ihm. Trampler spürte einen Schmerz, »der nun als eine Art prikkelnden Hitzegefühls die ganze rechte Körperseite erfaßte, bis es in dem verletzten Fuß förmlich zu arbeiten begann... Das Hitzegefühl und Prickeln im Fuß hielt lange an. Die Schmerzempfindung, die seit 1943 fast nie ganz ausgesetzt hatte, verschwand nicht sogleich. Am folgenden Tage aber, während eines mehrstündigen Schlafes, muß die Kraft weitergewirkt haben: Der Fuß ist seitdem schmerzfrei, hat an Beweglichkeit gewonnen...« Trampler ging nun ohne Stock. Die Besserung hielt an, berichtet heute seine Witwe. Trampler schrieb, tief beeindruckt, über seine Erlebnisse ein Buch.

Weitere Journalisten verfolgten mit aller Skepsis die Taten des Heilers. Einer von ihnen hatte seine Frau mitgebracht, die an einer Hüftluxation litt, einer Verformung des Hüftgelenks. »Besonders in den letzten Jahren gab es keine Minute, in der sie nicht mehr oder weniger starke Schmerzen verspürte«, berichtete ihr Mann. Anni Luserkes wörtlicher Bericht ist erhalten:

»Gröning, der vielumstrittene Wunderdoktor, stand zwei Meter Auge in Auge von mir entfernt. Die Ruhe, die von Gröning ausging, übertrug sich auf mich. Eine angenehme wohlige Wärme verbreitete sich in meinem ganzen Körper, ja, sie steigerte sich immer mehr. Ich hatte plötzlich den Eindruck, als stünde ein glühender Ofen vor mir... Ein Kribbeln und Krabbeln ging durch meine Adern, als säßen tausend Ameisen in meinem Blut. Die Schmerzen in meinen Hüften verwandelten sich in ein starkes Ziehen. Ich hatte das Gefühl, als dehnten sich meine Sehnen. Plötzlich läßt der Druck nach... Das Ziehen hört auf und die Schmerzen sind verschwunden, geradezu weggeblasen. Als Gröning das Grundstück verlassen hatte, spazierte ich noch etwa eine halbe Stunde umher. Ich kann gehen ohne jegliche Schmerzen!«

Wunder geschahen geradezu serienweise. Öffentliche Wunder. Es gab Ärzte, die sie bestätigten, ja, mehr noch: Sie geschahen vor den Augen von Hunderten oder Tausenden von Menschen. Reporter waren dabei, als Gelähmte die ersten Schritte taten, aus dem Rollstuhl aufstanden. Manchmal erlebten die Reporter sogar am eigenen Leib, daß unversehens Schmerzen schwanden.

Es begann in Herford, Wilhelmsplatz 7. Dorthin strömten 1949 zuerst Hunderte und dann Tausende, um Gröning zu sehen, um von ihm geheilt zu werden. »Ich betrachtete seine Augen«, schreibt ein Reporter der *Süddeutschen Sonntagspost.* »Es sind rätselhafte Augen, und sie werden noch rätselhafter, wenn er spricht.« Der Oberstadtdirektor von Herford nannte ihn ein »medizinisch-religiöses Phänomen«.

Der Heiler sprach von sich selbst als dem »kleinen Gröning«. Aber dann folgten auch wieder sehr große Worte: »Meine Kraft ist keine menschliche, sondern eine göttliche, mit der ich lebe und sterbe.« Und er, Gröning, fürchte sich nicht, »denn ich bin stärker als das Böse«.

Anhänger Grönings, die ihn gut kannten, beobachteten immer sehr genau die Geschwulst an seinem Hals, die alle Welt einen Kropf nannte. Fotos und Filmaufnahmen zeigen im nachhinein: Der Auswuchs veränderte sich – er schien oft plötzlich kleiner oder größer geworden zu sein. Das sei kein Kropf, hörte man von Gröning. Es handele sich um eine Drüse, die anschwelle, wenn er zu vielen Menschen spreche, und dann fühle er sich wohl.

Bruno Gröning, 1906 geboren, stammt aus Danzig-Oliva; er war Sohn des Maurerpoliers Grönkowski, dessen Name später eingedeutscht wurde. Bruno muß zumindest ein seltsames Kind gewesen sein. Einer, der sich zurückzog, nicht stritt, der angeblich schon in ganz jungen Jahren auf Kranke und Tiere beruhigend, ja heilend wirkte – durch seine bloße Anwesenheit. Er sollte Kaufmann werden, dann Zimmermann; er wurde schließlich Gelegenheitsarbeiter, Telegrammzusteller bei der Post, dann Schwachstrommonteur. 1943 holte ihn die Wehrmacht; er wurde verwundet, kam in Gefangenschaft. Er soll hilfsbereit gewesen sein. Nach 1945 schlug er sich durch wie Hunderttausende andere auch.

Wann entdeckte er seine besonderen Fähigkeiten? Das fragte ihn damals der Journalist Dr. Horst Mann.

Grönings Antwort: »Ein Stichdatum dafür kann ich nicht nennen. Ich sagte Ihnen bereits, daß es mich schon als Kind zu den Kranken und zu ihren Leiden zog. 1931 und 1932 geschah es, daß sich jemand durch mich von einer Diphtherie, ein anderer von einer hoffnungslosen Mandelentzündung, ein Dritter von Taubheit, ein vierter von Lähmungserscheinungen geheilt fühlte. Ich selber empfand das nicht als unnatürlich. Ich mußte aber erst viele Prüfungen durchmachen, bis ich festen Grund fühlte.«

Seine große Stunde, der Beginn des steilen Aufstiegs, kam dann in Herford. Gröning: »Bekannt wurde ich erst, als mich am 15. März 1949 eine Bekannte nach Herford bat. Sie forderte mich auf, dem jungen Dieter Hülsmann zu helfen, der durch einen Muskelschwund zum Tode verurteilt schien. Er wurde geheilt. Der Vater brachte in seiner Begeisterung diese Nachricht in die Zeitung.« Die Menschen strömten zu Tausenden nach Herford. War der achtjährige Bub durch ein paar Worte von Gröning, durch seine Anwesenheit, wirklich geheilt worden? Hatte sich sein Befinden durch die Einwirkung Grönings gebessert? Gerüchte bezweifelten es. Die Zeitschrift *Echo der Woche* hakte deshalb im Oktober 1949 nach und berichtete: »Die zuverlässigste Quelle, aus der man ein Urteil über Dieter Hülsmann erwarten kann, ist und bleibt schließlich seine Mutter. Sie sowie Personen, die den Jungen in jüngster Zeit gesehen haben, erklären, daß Gröning hier Heilerfolge erzielt hat. Der Kleine, der vor der Behandlung durch Gröning nicht gehen konnte und getragen werden mußte, kann heute laufen, ungelenk zwar und mit einwärts gedrehten Füßen, aber immerhin kann er gehen.« Die Heilwirkung hielt lange an, aber nicht für immer. Der Bub starb mit sechzehn Jahren.

Journalisten fragten Autoritäten der Naturwissenschaften und der Theologie nach dem Phänomen Gröning. Bei einer Tagung der Evangelischen Akademie Tutzing beispielsweise sprach Professor Dr. Künneth. Er ließ sich auch interviewen, und anderntags las man in der Münchner *Abendzeitung* die Aussage des Professors, »daß Gröning zweifellos über besondere Strahlungskräfte verfüge«.

In der *Süddeutschen Sonntagspost* schrieb der stellvertretende Chefredakteur, Wolf Eder, am 3. September 1949 unter anderem: »Es besteht die Gefahr, daß die unerforschte Naturkraft, die in Gröning ohne Zweifel wohnt, zum Dämon der Genesungsuchenden und ihrer Umgebung gemacht wird. Eines ist klar: Gröning heilt mit einer Kraft, deren wirkliche Stärke ihm wohl selbst unbekannt ist. Es nimmt für ihn ein, daß er sich selbst gegen den Glorienschein eines ›Wundermannes‹ wehrt, zu dem man ihn stempeln will. Er ist ein medizinisches Phänomen, von dem sich unsere Hochschulweisheit nichts träumen läßt.«

Es fehlte nicht an Kritikern, nicht an Enttäuschungen. Viele verließen Gröning ungeheilt. Harte Worte wurden laut – vor allem gegen den Rummel, den geschäftstüchtige Leute rund um Gröning veranstalteten.

1949 beschäftigte sich sogar der Münchner Stadtrat mit Bruno Gröning. Das Gesundheitsamt wurde beauftragt, mehr Informationen einzuholen. Die Bayerische Staatsregierung hatte inzwischen kapituliert. Dem Mann, der Zehntausende anzog und der nach Zeugenaussagen geradezu biblische Wunder vollbrachte, sollte das Heilen offiziell verboten werden. Er besaß ja keine Zulassung als

Heilpraktiker. Aber am 8. September 1949 gab das Bayerische Staatsministerium des Inneren bekannt: »Die vorläufige Überprüfung der Heiltätigkeit des Herrn Gröning hat ergeben, daß sein bisheriges Wirken in Bayern als freie Liebestätigkeit betrachtet werden kann und in diesem Rahmen keiner Erlaubnis nach dem Heilpraktiker-Gesetz bedarf.«

Diese Zeit war der Höhepunkt der Karriere. Unmittelbar danach folgten Streit, Skandale, Krach, Prozesse. Skandale, die nicht Grönings Schuld waren. Es ging um jene Leute, die sich ihm als Mitarbeiter angedient hatten.

Gröning nahm für seine Heilungen offiziell kein Geld – deswegen galten sie als Liebestätigkeit. Seine Umgebung dachte da anders. Schon der Traberhof bei Rosenheim, auf dem er 1949 die Massen empfing, war so ländlich nicht, wie sein Name klang. Dort, in einem früheren Gestüt im Dorf Happing, hatte ein Münchner Geschäftsmann eine Spielbank und einen Nachtklub eingerichtet, und er war geschäftstüchtig genug, Gröning einzuladen. Und schon ging das Spottwort um, aus dem Spielkasino solle wohl ein Heilkasino werden. Die Patienten legten dort Spenden in eine Schachtel, die ein Sekretär immer wieder leerte. Wo mag das Geld geblieben sein? Auch in der einlaufenden Post – anfangs ein paar hundert Briefe pro Tag – lagen nicht nur Bittbriefe, sondern auch Geldscheine.

Draußen boten sich indessen »Lotsen« für viel Geld an, Kranke direkt zu Gröning zu bringen. Oder sie verkauften Dinge, die er berührt hatte. Auch die Zeitschrift *Echo der Woche* hatte dies beobachtet und schrieb: »Wenn am Traberhof bereits Audienzen bei Gröning für 300 Mark vermittelt oder in München Wunderkugeln verkauft werden, so stimmen diese Symptome bedenklich.« Mit den Wunderkugeln war gemeint, daß Gröning zusammengerolltes Stanniolpapier an seine Besucher ausgab mit der Mahnung, die Kugeln nicht mit der linken Hand anzufassen.

Sie seien, sagte er später, nur ein Symbol, ein Transformationsmittel seiner Heilkraft. Diese Kugeln sollen noch vierzig Jahre später im Umlauf sein.

Immer heftiger wurden die Angriffe ehemaliger Freunde gegen Gröning, seine Methoden, seinen Ruhm.

Gröning erkannte die Zeichen der Zeit. Er verzichtete auf Massenheilungen und praktizierte zeitweise mit einem Münchner Heilpraktiker. Er verschwand fast aus den Schlagzeilen. Sein Name wurde erst wieder genannt, als man ihn doch des Verstoßes gegen das Heilpraktikergesetz anklagte und der fahrlässigen Tötung bezichtigte. Er habe eine junge Frau vom Arztbesuch abgehalten, ihr Heilung versprochen und dadurch letztlich ihren Tod an Tuberkulose verursacht. Er wurde zu zwei Jahren Gefängnis mit Bewährung und 5000 Mark Geldbuße verurteilt. Der Fall sollte noch einmal von einem Revisionsgericht aufgegriffen werden, aber es kam nicht mehr zum Urteil. Ein paar Tage vor der Urteilsverkündung, am 26. Januar 1959, starb Gröning in Paris an Krebs in fortgeschrittenem Stadium.

Merkwürdig war, was der behandelnde Arzt, Professor Bellanger, kurz vor Grönings Tod sagte: »Die Zerstörung in seinem Körper ist furchtbar; es ist eine totale innere Verbrennung. Wie er mit den entsetzlichen Schmerzen solange leben konnte, ist mir ein Rätsel.«

Bruno Gröning ist seit 1959 tot – doch seine Geschichte wird heute wieder aktuell: Es wächst die Gemeinde derer, die glauben, daß die Kraft Grönings heute noch wirkt und, für jeden erreichbar, ständig weitere Wunder auslöst.

München im Frühjahr 1989. Wir sitzen im Konferenzsaal eines großen Münchner Hotels. Alles unauffällig, bürgerlich: die Atmosphäre eines Kulturvereins.

An einem langgestreckten Tisch etwa dreißig Gäste. Da sitzt eine Bäuerin. Ein paar Stühle weiter ein Mann, der wie ein höherer Bankbeamter aussieht. Daneben eine fri-

sche junge Frau und mindestens zwei Omas. Kein einziges Gesicht darunter, das fanatisch aussieht. Nichts von Verzückung – hier herrscht eine Stimmung, die zwischen Besinnlichkeit und Nüchternheit schwankt. Dabei betreibt diese gutbürgerliche Versammlung, diese Tagung von Alltagsgesichtern, höchst Ungewöhnliches, das sie bei anderen in Verdacht des Aberglaubens, der Gesundbeterei, der Wundergläubigkeit bringen könnte. An der Wand hängt das Bild von Bruno Gröning. Die Menschen im Münchner Hotel treffen sich, um an ihn zu denken. Sie treffen sich in der Überzeugung, seine Kraft heile noch heute. Jeder dort kann dafür Beispiele nennen – ungewöhnliche Heilungen, die man selbst am eigenen Leib erlebte. Ein zierliches, neunzehnjähriges Mädchen berichtet leise: »Ich hatte gerade ein Gefühl, als würde ich elektrisiert.«

Eine andere junge Frau neben ihr sagt ähnliches: »Es war, als wäre ein Strom durch den ganzen Körper geflossen, von oben bis unten.« Eine ältere Hausfrau spricht dagegen von plötzlich aufsteigender Wärme; ein Mann klagt über Schmerzen. Bei einer anderen Frau haben quälende Kopfschmerzen aufgehört – ein Gefühl der Erleichterung ist geblieben. Das wird ruhig, ganz sachlich erzählt. Aber alle haben in diesem Augenblick die Empfindung, Energie aus dem Kosmos gespürt zu haben – den Heilstrom Bruno Grönings.

»Trennen Sie sich von allem, was Sie belastet, was Sie beschwert hat; machen Sie sich ganz frei und nehmen Sie das Gute in Form der göttlichen Heilkraft auf und an. Ich wünsche, daß sie Sie voll erfüllt...« hat Grete Häusler, Vorsitzende der Gröning-Gemeinschaft, gleich am Anfang zu ihren Hörern gesagt. In München sind es Dutzende; in ganz Deutschland geht die Anhängerschaft aber mittlerweile in die Tausende. Beinahe jede Woche entsteht eine neue Gemeinschaft, eine örtliche Gruppe von Gröning-Anhängern, die sich fortan regelmäßig treffen. Und das nicht nur in Deutschland, sondern auch im Ausland.

Da sitzen sie also, hören, was Frau Häusler aus Honnef, sechsundsechzig Jahre alt, zu sagen hat. Sie haben die Augen geschlossen, die Hände geöffnet. Eine Geste, die zeigt: Wir sind aufnahmebereit. Frau Häusler hat ihnen allen vorher beigebracht, nicht die Arme über der Brust zu verschränken und nicht die Beine übereinanderzuschlagen. Das behindere den freien Fluß der kosmischen Kraft, die Heilung bringe, Krankheiten vertreibe. Ich sehe, wie ein junger Mann mit geschlossenen Augen förmlich zusammenzuckt. So geht es dann noch vielen.

Arnold C., siebenundvierzig, Prokurist, Speditionskaufmann, Aachen, kommt mir ohne Gehstock, ohne Krücken entgegen. Er ist seit Jahren Rentner – wegen Multipler Sklerose war er erst auf Stöcke, dann auf den Rollstuhl angewiesen. Jetzt kann er gehen. Beim genauen Hinsehen merkt man, daß er mit den Füßen ein bißchen über den Boden schleift. Er geht schleppend, aber er geht frei! Er hat nicht geglaubt, daß er das noch erleben würde.

Es begann Anfang der achtziger Jahre mit Gehbeschwerden. Dann wurde es immer schlimmer. Die erste Diagnose: Rückenmarksentzündung. Später erst erfuhr Arnold C., was es wirklich war: Multiple Sklerose, fortschreitende Lähmung. »Ich konnte keine Treppen mehr steigen. Dann kam der Rollstuhl.« Das war 1985. Seine Frau war es, die irgendwo von den Anhängern Grönings hörte. Hoffnungslos nahm Arnold C. an einem ihrer Treffen teil. Was geschah mit ihm? »Nach einigen Tagen hatte ich das Gefühl, in meinem Körper wälze sich alles um.« Die Situation trat ein: Arnold C. konnte aufstehen, den Rollstuhl verlassen. Erst benutzte er einen Gehwagen, ein Gestell mit Rädern, wie es Behinderte vor sich herschieben, um sich darauf stützen zu können. Schließlich konnte er auf den Gehwagen verzichten, kam mit dem Stock aus; den hat er jetzt auch noch weggelegt.

Was in seiner ersten Gemeinschaftsstunde vorging, kann ich jetzt im Münchner Hotel nachempfinden. Das gleiche spielt sich jede Woche überall in der Bundesrepublik ab.

»Ich wünsche, daß alle Ihre Wünsche erfüllt werden«, sagt in München zu Beginn eine Frau mit mädchenhafter Stimme. »Trennen Sie sich von all dem, was Sie belastet hat, nehmen Sie das Gute in Form der göttlichen Heilkraft auf und an.«

Diese Frau, Grete Häusler, lernte Gröning als junges Mädchen kennen. Sie ging widerwillig zu ihm – eigentlich nur, um eine Freundin zu begleiten. Sie hielt ihn für einen Scharlatan. Ihr, Grete Häusler, konnte ja niemand mehr helfen: Sie war leber- und zuckerkrank, mußte streng Diät leben, litt obendrein an chronischem Stirnhöhlenkatarrh. Noch in der Stunde der ersten Begegnung mit Bruno Gröning spürte Grete Häusler, was sie den Heilstrom nennt. Ihre Beschwerden verschwanden. Man sieht es ihr an: Grete Häusler ist eine gesunde ältere Dame.

Als sie nach Grönings Tod spürte, daß die Heilkraft anhielt, begann sie, die Freunde Grönings zu sammeln, zu

Gemeinschaftsstunden zusammenzurufen und als aktivste Kraft zu wirken. Bei diesem Treffen in München berichten noch andere von ihren Erfahrungen.

Da sitzt eine Gruppe von Alltagsmenschen; sie lassen eine Art Hufeisen aus Stanniolpapier kreisen – »einen Verstärker«, den einst Gröning den Freunden gab. Ihre Hände liegen auf dem Schoß, die Handflächen nach oben gewendet und geöffnet: so, als wollten sie Wasser schöpfen. Grete Häusler hat ihnen allen gesagt, sie sollten Arme oder Beine nicht verschränken, damit der Heilstrom ungehindert fließen könne. Die Augen sind geschlossen. Sie sitzen auf dem Stuhl und zucken plötzlich zusammen wie Menschen, die aus dem Schlaf schrecken. Ein Schütteln erfaßt den Körper.

Der Mann, der an Multipler Sklerose leidet, aber wieder gehen kann, schildert sein Empfinden so: »Ich spüre ein Kribbeln in den Händen, den Armen und den Beinen. Ich spüre Strom und eine wunderbare innere Ruhe.« Das wiederholt sich, wenn er sich zu Hause auf Gröning einstellt: das heißt, seine Gedanken auf ihn konzentriert.

Das Seltsame für den Außenstehenden: Ich habe in alten Archivakten aus Grönings großen Tagen geblättert, habe Aussagen von Zeugen nachgelesen, die von den Heutigen keiner mehr kennt – und alle gebrauchen die gleichen Worte, wie die Gröning-Anhänger im Frühjahr 1989: Sie sprechen von einem Kribbeln, von Wärme oder Kälte und auch von Schmerzen, jedenfalls von einer Heilkraft, die in sie einströme. Einer Heilung gehen fast in jedem Fall noch einmal Beschwerden voraus. »Regelungen« nennen das die Gröning-Freunde heute. Und so nannten sie es damals. Die Krankheit weicht mit Schmerzen: Man spürt es, wenn sie geht. Aber geht sie wirklich?

Elisabeth J., eine gesund und sportlich wirkende Frau von siebenundsechzig Jahren, verfolgt sehr lebendig, sehr agil unser Gespräch. Sie kann ärztliche Zeugnisse dafür vorlegen, wie schlimm es um sie stand: »1971 konnte ich eines Morgens nicht mehr aus dem Bett raus. Ich konnte nicht mehr stehen und nicht mehr sitzen. Ich hatte starke Rückenschmerzen. Von der Bandscheibe zog sich das bis zu den Nackenwirbeln und zum Kopf hin: Verschleiß der Wirbelsäule und Ischialgie, ein Erkrankung des Hüftnervs.« Hinzu kamen Muskelschwäche, Verstopfung, Angst, Depressionen, Schlaflosigkeit. Das alles ist vorbei. Sie erlebte beim Gespräch über Gröning eine Spontanheilung. »Ich saß da und spürte auf einmal ein ganz eigenartiges Gefühl in meinem Oberschenkel. Die Schmerzen und die Schwäche waren plötzlich weg.« Die Schmerzen kamen noch einmal wieder: »Ich hatte eine schlaflose Nacht, aber ich hielt durch. Bis heute geht es mir gut.« Sie braucht keinen Stock mehr, ja sie hat es gewagt, wieder aufs Fahrrad zu steigen. Und sie kann auf die Medikamente verzichten, auf die sie bisher angewiesen war. Nach einem Bericht der Deutschen Presseagentur gibt es mindestens 1500 Männer und Frauen allein in der Bundesrepublik, die täglich an Bruno Gröning denken. Hier und auch in den Nachbarländern entstehen immer neue Gröning-Gemeinschaften. Ich sprach mit mehr als einem Dutzend Menschen, die ähnliches berichten wie Elfriede. Sie erlebten das Wunder einer Heilung durch eine unsichtbare Kraft.

»Es ist durchaus denkbar«, sagt der auf solche Fälle spezialisierte Innsbrucker Arzt Dr. Leonhard Hochenengg, »daß aus Verehrung für einen Menschen Vertrauen wird und daß aus dem Vertrauen Glauben wächst, der körperliche Reaktionen auslösen kann.« Es gibt, sagt er auch, gewiß noch unerforschte Heilkräfte. Wie immer man auch zu Grönings Anhängern steht – ein neues Forschungsgebiet hat sich aufgetan.

Suzan Wiegel

»Ohne Frau Wiegel wären wir vor die Hunde gegangen«, sagt eine junge Frau. Sie sagt es aufatmend, denn der Schock ist vorbei. »Die ganze Familie hat unter der Situation schrecklich gelitten.« Ihr Baby ist krank gewesen, es hatte Hautausschlag fast am ganzen Körper. Nachts mußte dem Kind ein Mützchen so fest übergezogen werden, daß es nicht vom Kopf zu reißen war. Die Beine wurden umwickelt, weil das Kind, geplagt vom Juckreiz, sich wundkratzte. »Natürlich waren wir bei vielen Ärzten. Aber das hat nichts gebracht.« Man stellte die Nahrung um und gab dem Baby Cortison-Präparate, die nur kurzfristig halfen. Aber jetzt ist alles anders. Das Kind schläft ohne Mütze und Bandagen. Zunächst blieben noch ein paar Rötungen im Nacken, aber sie wurden zusehends blasser. Inzwischen sind sie verschwunden, dank der Hilfe einer liebenswürdigen Heilerin: Suzan Wiegel, offiziell zugelassen als Heilpraktikerin.

Ihre Behandlungsräume liegen in Sichtweite des Ammersees. Es sind helle Zimmer in gelb-weiß. An den Wänden befinden sich Schautafeln über chinesische Akupunktur.

»Ich will überhaupt nichts von dem Patienten wissen, will unvoreingenommen an ihn herangehen und mich nicht durch Hinweise auf irgendwelche Symptome ablenken lassen«, sagt die Heilerin als Erklärung dafür, daß sie zu Beginn der Behandlung keine Fragen stellt.

Sie drückt mir einen Metallstift in die Hand, der an ein Meßgerät angeschlossen ist. Dann liest sie Zahlen von einem Bildschirm ab. Ich nehme einen zweiten Stift in die andere Hand und sehe noch mehr Zahlen. Was ist das?

Die Metallstifte sind Meßsonden. Suzan Wiegel benützt ein Gerät, das der deutsche Arzt Dr. Reinhard Voll aus Plochingen bei Stuttgart entwickelt hat. Es verbindet die uralte chinesische Kunst der Akupunktur mit moderner Elektronik. Das Gerät mißt den elektrischen Hautwiderstand an bestimmten Punkten – dort, wo Kenner die Akupunkturnadeln ansetzen. Es handelt sich um Kreuzungspunkte von Linien, die den Körper überziehen wie Meridiane den Globus. Die Punkte – 110 kennt man – sind sozusagen Außenposten bestimmter Organe. Beim Einstich mit der Nadel geben sie Signale weiter, die anregend, dämpfend und heilend wirken. Ist die elektrische Leitfähigkeit dort gestört, kann das ein Anzeichen einer Krankheit sein, stellte Dr. Voll fest. Suzan Wiegel testet mit dem Gerät auch homöopathische Medikamente. Sie werden in das Gerät eingelegt, während es noch den Hautwiderstand des Patienten mißt. Jetzt merkt sie an den elektronischen Reaktionen, welchen Einfluß die Medizin auf den Körper nimmt.

Das Messen und Testen ist der Ausgangspunkt der Arbeit für die Heilerin – der Anfang, noch nicht die Behandlung.

An das Baby mit dem Hautausschlag erinnert sich Suzan Wiegel besonders gern. Sie war immer ganz gerührt, wenn ihr das Kind furchtlos die Hände entgegenstreckte, während andere kleine Patienten sich gegen die Untersuchung wehrten. »Dieses Kind dagegen guckte mich erwartungsvoll an, als wisse es, daß ich Hilfe bringe.«

Hilfe bringen... Wie kann sie das? Suzan Wiegel erzählt: »Ich sehe einfach, daß ich Kräfte habe, die ich für ganz natürlich halte, und die ich weitergebe...«

Spüren das die Patienten? Wie reagieren sie darauf? Was geht bei der Behandlung in Suzan Wiegel vor? Sie steht hinter dem Patienten, streicht mit den Händen am Kopf vorbei. Man sieht nur, daß sie sich breitbeinig geradezu in den Boden stemmt. »Ich brauche festen Kontakt zum Untergrund, deshalb ziehe ich auch flache Schuhe an.« Dabei sieht es beinahe so aus, als zöge sie mit ihren Händen Unsichtbares aus dem Körper des anderen. Es hört sich sogar so an, denn der Patient fängt an, heftig zu atmen – doch das Atmen klingt zum Schluß erleichtert. »Meine Hände werden förmlich zu bestimmten Punkten des Körpers gezogen«, zu jenen Punkten, wo sie Blockaden des Energiestroms, Sperren in den Körpermeridianen vermutet, ja fühlt. »Wenn meine Hände sich kranken Organen nähern, spüre ich etwas im eigenen Körper, zumindest Irritationen... Dann ist ein immer stärker werdendes Kribbeln in mir, und dieses Kribbeln setzt sich über meine Arme fort.«

Wir hören es skeptisch. Aber Patienten bestätigen, daß sie spüren, wie die Krankheit weicht. Hedwig L. aus Dachau – etwa sechzig Jahre alt – verkündet zum Beispiel: »Für mich ist Frau Wiegel ein Wunder aus einer anderen Welt.« Die Dachauerin litt an Störungen des vegetativen Nervensystems, an Magen- und Gallenbeschwerden. Antibiotika halfen nur für kurze Zeit. »Schon nach der ersten Behandlung durch Frau Wiegel fühlte ich mich besser, konnte endlich wieder schlafen, und die Schmerzen blieben weg…«

Daß sie besondere Kräfte hat – diese Entdeckung war für Suzan Wiegel eine Art Befreiung. Zwanzig Jahre lang war sie Dolmetscherin, Hausfrau und Mutter gewesen, bis die Ehe zerbrach. Sie arbeitete unter anderem in einer Klinik. »Als ich sah, daß man die Patienten wie Nummern behandelte, bäumte sich etwas in mir auf.« Langsam begann sie sich zu erinnern, daß sie als Kind schon irgendwelche geheimnisvollen Kräfte in sich spürte. Sie beschäftigte sich mit Psychologie, auch mit Hypnose, und wurde Psychotherapeutin. Bei zwei chinesischen Ärzten studierte sie in einer Erlanger Klinik auch die chinesische Akupunktur.

1986 besuchte sie ein halbes Jahr lang eine Akademie für Meditation in Italien. Dort geschah es, daß andere beispielsweise mit Kopfschmerzen zu ihr kamen. Man entdeckte, daß sie helfen konnte. Sie brauchte sich mit ihren Händen nur den schmerzenden Stellen zu nähern. Die Freunde damals sagten genau das, was viele Patienten heute empfinden: »Es ist, als würdest du etwas aus mir herausziehen…«

Der Besuch der Akademie war ein wichtiger Einschnitt in ihrem Leben. »Ich war hinterher ein ganz anderer Mensch; sogar meine Kinder empfanden mich anfangs als fremd.« Sie aß kein Fleisch mehr, wurde empfindlich gegen Zigarettenrauch, hatte keine Freude mehr am Fernsehen. Noch immer experimentierte sie mit Grenzgebieten der Wissenschaft und legte schließlich die Heilpraktiker-Prüfung ab. Die Begegnung mit den chinesischen Ärzten und dann mit dem Meßgerät von Dr. Voll waren letztlich entscheidend. »In mir hat es damals ›Klick‹ gemacht.« Von diesem Zeitpunkt ab wußte sie, was sie wollte und wie sie ihre Kräfte sinnvoll einsetzen konnte. Aber Geräte sind, wie gesagt, nur Wegweiser für ihre Hände…

Erika Petz

»Ich verliere das Gefühl für Raum und Zeit und bin angenehm entspannt. Als ich aufstehe, ist der Schmerz in meinem Rücken fast weg.« So schildert Christine, eine junge Münchnerin, die Behandlung bei der Heilerin Erika Petz.

Eigentlich war sie gar nicht wegen der Schmerzen im Rücken gekommen. Sie wollte nur mal hören, was Frau Petz so tut, was bei ihr zu erwarten ist und was das kostet. Aber Erika Petz sah der jungen Frau an, daß irgend etwas sie quälte und bot ihre Hilfe an – kostenlos. Sie verlangt keine festen Gebühren, nimmt aber Spenden an. Christine ist kein einmaliger Fall, denn es gibt inzwischen eine ganze Reihe von Münchnern, die nach der Behandlung durch Frau Petz ihre Gesundheit zurückkehren fühlten...

Bleiben wir bei der Patientin mit den Rückenschmerzen. Was hat Frau Petz mit ihr getan? Kamen die Schmerzen später wieder? Christine schildert den Ablauf der Behandlung minutiös. Bevor sie Fragen stellen konnte, sagte die

Heilerin: »Sie brauchen erst einmal Hilfe.« Die Heilerin schaltete Musik ein. »Chöre, wie ich sie eigentlich nicht gern höre. Aber dann fiel mir ein: Wie merkwürdig, genau diese Musik mochte mein verstorbener Vater«, berichtete Christine. Sie entspannte sich ganz langsam, mußte sich schließlich auf ein Sofa legen. Sie erzählt weiter: »Frau Petz fängt mit beiden Händen an, meinen unteren Hinterkopf zu massieren, geht dann zum Rücken über. Sie keucht hörbar, ihr Atem wird noch schneller, sie streicht immer wieder über den Rücken... Plötzlich packt sie einen meiner Füße und zieht heftig an der Ferse... Ich werde müde und denke noch, hoffentlich schlafe ich nicht ein. Ich habe das Gefühl, schon seit einer Ewigkeit dazuliegen...«

Der Patientin ist die Behandlung als Wirbel von Bewegungen in Erinnerung geblieben. Die Hände strichen schnell am Körper vorbei, kreisten, kehrten wieder; zuweilen drückte der Zeigefinger an bestimmten Punkten fest in die Haut. »Gänsehauterregend das Atmen. Eine Stunde lang hörte ich sie keuchen...«

Als Christine aufstand, hatte der quälende, tobende Schmerz sich spürbar verringert. Am nächsten Tag hatte sie ihn schon vergessen. Er war fort. Bis heute, und das sind jetzt drei Wochen, kehrte er nicht mehr zurück.

Wenden wir uns jetzt Erika Petz zu. Sie ist etwa fünfzig Jahre alt, lebhaft, gesund aussehend und hat strahlende, durchdringende Augen. Sie hockt bei unserem Gespräch im Lotussitz auf der Couch im Wohnzimmer ihres Einfamilien-Reihenhauses am Stadtrand von München. Vom Fenster aus geht der Blick über Wiesen und Felder. Es ist ruhig hier draußen. »Ein guter Platz für mich zum Heilen.« Ist das vielleicht nur Massage, was sie betreibt?

»Wenn ich den Körper von Christine berührte, wenn ich den Rücken entlangfuhr, war das ein Verteilen von Energie. Ich bin da in leichter Trance und mach' das alles einfach automatisch«, sagt Erika Petz.

»Ohne nachzudenken zog ich Christine am Fuß, denn ich hatte gespürt: Der Ischiasnerv ist etwas eingeklemmt. Dann ist so ein Ziehen notwendig. Das tun auch Chiropraktiker, um wirklich alle Energiebahnen freizubekommen...«

Sie setzte ihre Kraft an jenen Punkten ein, wo die Nervenenden zusammenlaufen. »Wenn irgendwo Energieblockaden sind, muß man bei den Nervenenden anfangen, sie zu lösen. Hinter ihrem Ohr habe ich eine leichte Verdichtung gespürt... Meine Hände werden ganz automatisch zu solchen Punkten hingeführt. Auf einmal spüre ich, wenn ich über den Körper streiche: Hoppla, da ist doch was...« Was sie erzählt, klingt gar nicht so geheimnisvoll.

Dann spricht Frau Petz über die Chakras, Energiezentren im Körper, die möglicherweise mit Nervenzentren und auch bestimmten Akupunkturpunkten identisch sind. Sie kann Energieströme zum Fließen bringen, über Blockaden und Hindernisse hinweg. Durch das heftige Atmen bringt sie ihre eigenen Energiezentren zur vollen Entfaltung der Kraft.

Erika Petz akzeptiert nicht jeden Menschen als Patienten. »Ich muß spüren, daß er für die Behandlung reif ist.« Krankheit hat sie selbst erlebt – als positives Erlebnis. Sie lag vor sieben oder acht Jahren im Sterben. So schien es wenigstens. Medikamente blieben wirkungslos; sie wurde vom Max-Planck-Institut ohne Ergebnis untersucht. Eine Art Ohnmacht empfand sie als einen Zustand der Glückseligkeit. Es war, um ihre Worte zu gebrauchen, »eine andere Ebene des Bewußtseins«. Und daraus, so glaubt sie, schöpft sie nun Kraft. Damals entdeckte sie, daß ihre Hände heilen können. »Aber ich bin nur ein Kanal, ein Instrument.« Wovon? Von unerforschten Kräften. Und die muß sie buchstäblich trainieren. »Ich liege oft drei bis vier Stunden in Trance, und mein Körper fühlt sich dann steinhart an...« Dann macht sie Yoga-Übungen, am Morgen und nach dem Besuch von Patienten.

Ihr spektakulärster Fall war Annette. Ich habe die Mutter der damaligen Patientin aufgesucht – als unverfänglichste Zeugin. Sie sagt: »Mein Kind war praktisch schon tot.« Annette hatte eine seltene Krankheit: Hauttuberkulose. Die Mutter zählt die Krankenhäuser auf, in denen ihre damals sechzehnjährige Tochter lag. Ein Spezialist gab sie an den nächsten weiter, doch es trat keine Besserung ein. Das Kind wurde immer schwächer, immer leichter, verlor durch Cortison-Präparate ihre Haare. »Unheilbar. Wir können nicht mehr helfen«, sagten die Ärzte. Zum Schluß mußte ein künstlicher Darmausgang geschaffen werden.

Bekannte der Familie alarmierten Frau Petz. Die Ärzte in München hatten keine Einwendungen, daß da eine ihnen unbekannte Heilerin ohne Medikamente, nur mit geistigen Kräften helfen wollte. Frau Petz bekam – sie staunte selbst – unbeschränkten Zugang zu der Patientin; eine Freiheit, die andererseits der Mutter die Ansicht der Ärzte verriet: »Dem Kind ist ja doch nicht mehr zu helfen.«

Das war vor drei Jahren im Juli. Bereits zu Weihnachten war Annette wieder zu Hause – ganz entschieden auf dem Weg der Besserung. Schon nach wenigen Besuchen von Erika Petz hatte sie versucht, aufzustehen. Sie konnte – wenn auch mühsam – einige Schritte gehen. »Das Kind fing an, selbst mitzuarbeiten – sonst hätte ich keine Chance gehabt«, sagt Frau Petz. Inzwischen sind drei Jahre vergangen. Annette ist wieder ein hübsches Mädchen geworden, hat das Abitur bestanden. Nur ein Hinken erinnert noch an die Zeit, in der sie von den Ärzten schon aufgegeben worden war.

Angela von Frankenberg

Im Garten eines Bungalows am Starnberger See steht ein mitleiderregend mageres Kind. Selbst die dicke Kleidung – Turnhose, Hemd, Pullover – kann nicht verbergen, wie dünn das Mädchen ist. Aus den Ärmeln des T-Shirts stechen dürre Arme heraus. Eingefallen und ausgemergelt ist das Gesicht, die Augen liegen in tiefen Höhlen. Die Zwölfjährige leidet an Magersucht, eine Krankheit, die zum Tode führen kann. Sie hat bisher fast alle Nahrung außer Salat abgelehnt. Jetzt aber, im Garten der Heilerin Angela von Frankenberg, sagt sie plötzlich in meinem Beisein: »Ich will wieder essen.« Sie hat die erste Behandlung hinter sich, und die Heilerin geht noch ein bißchen mit ihr spazieren.

»Angefangen hat alles mit einer Grippe«, erzählt die Mutter des Kindes. »Vorher war sie immer eine gute Esserin. Plötzlich wurde sie immer magerer, und das gefiel ihr auch noch. Ihr Gewicht sank von vierunddreißig Kilo auf dreißig und weiter auf sechsundzwanzig. Dabei ist Gabi 1,49 Meter groß...«

Jetzt fing die Krankheit an, lebensgefährlich zu werden. Das Kind aß nur noch Salat. Aus der Eitelkeit, aus dem Wunsch, schlank zu sein, war eine Krankheit geworden: die Unfähigkeit zur Nahrungsaufnahme. Für Ärzte ein bekanntes, gefährliches Leiden. Gabi sollte ins Krankenhaus. Wenn nicht in letzter Minute andere Hilfe kommen würde...

Die Mutter wandte sich an Angelika von Frankenberg: Die Heilerin – in den Vierzigern und gleichermaßen bestimmend wie verständnisvoll im Umgang mit Menschen – gilt in München als Geheimtip, als neue Entdekkung. Gabis Mutter hat mit ihr bereits die besten Erfahrungen gemacht. Schon vor einem halben Jahr bat sie Frau von Frankenberg wegen eines anderen Kindes um Hilfe, einer Neunjährigen, die seit langem an Kopfschmerzen litt. Untersuchungen beim Internisten und beim Augenarzt blieben ergebnislos. Kein organischer Befund. Nach einigen Besuchen bei Frau von Frankenberg waren die Kopfschmerzen wie weggeblasen. Das Kind konnte von einer sehr harmlos scheinenden Behandlung erzählen. Sie durfte sich im Tiefgeschoß des Bungalows der Heilerin niederlegen, und Frau von Frankenberg sprach mit ihr. Die beiden gingen in Gedanken miteinander spazieren. Das Mädchen sollte sich vorstellen, sie laufe über eine bunte Sommerwiese. Und dann trete sie in eine Kirche mit leuchtenden, großen Fenstern. Jedes in einer anderen Farbe.

Damit beginnt die Behandlung. Das sind einfache Meditationsübungen. Die Patientin entspannt sich – und der Gedankenspaziergang führt immer weiter, wird komplizierter. Die Patientin soll sich vorstellen, sie trete in der Kirche vor ein gelbes, vor ein blaues Fenster... Die Farben, sagt Angelika von Frankenberg, helfen ihr bei der Heilung.

Um das zu erklären, muß sie weit ausholen. Sie war früher Bibliothekarin, leitete eine Forschungsbibliothek. Ihr Mann ist – man sieht es an der Anlage rund ums Haus – ein erfolgreicher Gartenbauarchitekt. Eine Frau offenbar ohne materielle Sorgen. Aber plötzlich war es ihr, als würde sie förmlich zu einem anderen Beruf geführt. Sie traf auf Menschen, die sie drängten, sich mit unerforschten Heilkräften zu beschäftigen. Sie stieß wie durch Zufall auf entsprechende Literatur, sie entdeckte das Meditieren, begegnete der berühmten englischen Heilerin Brenda Johnson und nahm an vielen ihrer Seminare teil. Schließlich besuchte sie eine Abendschule und legte vor fünf Jahren ihre Prüfung als Heilpraktikerin ab.

»Daß ich heilende Hände habe«, sagt sie beiläufig und ganz selbstverständlich, »wurde mir bewußt, als ich einmal einen Kater auf den Schoß nahm. Er hatte einen Tumor im Bauch, und ich spürte plötzlich, wie das Gewächs unter meinen Händen förmlich schmolz...« Ähnliche Ereignisse gab es mehrere.

Die Chakras sucht und verfolgt die Heilerin: »Weil ich davon ausgehe, daß Krankheit eine Unausgewogenheit in der Energie ist, eine Störung im Energiefluß. Ich spüre es an meinen Händen, wenn der Energiefluß stockt, ich merke, wo ein Stau ist, wo sich ein Zuviel oder ein Zuwenig abzeichnet... Wenn da eine Unterversorgung ist, zieht es meine Hände förmlich zu dieser Körperstelle hin...« Sie versucht Energieblockaden aufzubrechen, den Strom wieder zum Fließen zu bringen. Dazu legt sie die Hände auf den gefährdeten Körperteil – etwa die Leber. Sie massiert Akupunkturpunkte vor allem an den Fußsohlen, wo sich die Entsprechungen der wichtigsten Energiezentren des Körpers befinden.

Zum Heilen gehören aber auch die Meditationsübungen, besonders jene, die den Patienten in eine Kirche versetzen, wobei es nicht lange dauert, bis jeder fühlt, daß mit Kirche sein Innerstes gemeint ist. Die Patienten stellen sich vor, sie stünden vor farbigen Fenstern. Dann bittet die Heilerin, der Kranke solle sich einer bestimmten Farbe zuwenden. »Gehen Sie«, sagt sie beispielsweise, »ins gelbe Licht, füllen Sie sich ganz damit auf...«

Auffüllen, was ist damit gemeint? Der Patient soll das Gefühl haben, er atme das Licht förmlich ein, in vollen Zügen. Nach ihren Erfahrungen wird durch jede Farbe ein bestimmtes Energiezentrum angesprochen – die Behandlung unterstützend, anregend oder auch beruhigend. Wenn schließlich Energie von ihr auf den Patienten überfließt, spüre sie das »wie ein Vibrieren. Es ist, als baue sich ein riesiges Kraftfeld auf...«

Aber dem Handauflegen gehen Gespräche voraus, auch medizinische Behandlung. Oft kommen Menschen zu ihr, die mit den »schlimmsten Medikamenten geradezu verseucht« worden sind, sagt Frau von Frankenberg.

Sie will ihre Patienten erst einmal anleiten, sich zu entgiften, sich richtig zu ernähren und Selbstheilungskräfte im Körper in Gang zu bringen. Der Mensch müsse auch reif sein zur Heilung, meint sie. »Kranke, die nur passiv darauf warten, daß mit ihnen etwas geschieht, lehne ich ab.« Verlangt wird Selbstdisziplin, Mitarbeit, Bereitschaft auch zur Selbstkritik.

Was ist aus dem magersüchtigen Kind geworden, das ich im Garten der Heilerin getroffen hatte? »Sie ißt wieder« bestätigte die Mutter nach einigen Tagen. Das Kind, das vorher alles außer ein paar Salatblättern ablehnte, hatte gerade freiwillig Grießbrei, einen Joghurt, Brot und einen ganzen Apfel gegessen. Jetzt wiegt das Mädchen bereits wieder dreißig Kilo. Auf Behandlung im Krankenhaus kann verzichtet werden. Die Mutter weint fast, als sie mir am Telefon davon erzählt. Für sie ist es ein Wunder.

Um ihr Wissen und ihre Erfahrungen weitergeben zu können, hält Frau von Frankenberg Seminare in München ab, in denen sie die Interessierten anleitet, ihre Fähigkeiten zum geistigen Heilen zu entdecken, zu entwickeln und zum Wohle der Mitmenschen einzusetzen.

Liselotte Baertz

Regelmäßig trifft sich eine Gruppe von Leuten aus den verschiedensten Berufen in einer 200-Quadratmeter-Wohnung in der Nähe des Berliner Europa-Centers. Diese Menschen reden wenig miteinander; es sieht fast so aus, als ob sie sich zu gemeinsamem Schweigen träfen. Und so falsch ist dieser Eindruck gar nicht: Der Busfahrer, der Kaufmann, die Näherin, sie alle sind Schüler der Aruna-Schule, an der Liselotte Baertz Meditation lehrt.

Die dunkelhaarige, südländisch wirkende Meditationslehrerin sagt: »Ich versuche, die Menschen nach innen zu führen. Dieses Nach-Innen-Horchen, um an der Quelle zu erfassen, wo und wie Gedanken, Empfindungen und Impulse aufkommen, ist sehr wichtig. Ich will damit das Energiefeld des einzelnen stärken, was auch über den Weg der Atem-Meditation geschieht. Wichtig ist dabei vor allem, daß jeder begreifen lernt, daß er Gefühlen nicht einfach ausgesetzt ist, sondern daß er Freude, Liebe, Sehnsucht, vor allem aber Ruhe und Harmonie auch ganz bewußt selbst erzeugen kann.«

Der Gedanke, diese Meditationsschule zu gründen, ist Lieselotte Baertz bei ihrer Tätigkeit als Heilerin gekommen. »Ich habe oft von meinen Meditationserfahrungen erzählt und habe dann immer zu hören bekommen, ob man nicht einmal gemeinsam meditieren könne. Sehr schnell hat sich dann eine Gruppe gebildet, die sozusagen die Urzelle dieser Schule wurde. Was hier gemeinsam erarbeitet wird, ist ja auch so eine Art Vorbeugeprogramm gegen Krankheiten.«

»Wie entstehen denn Krankheiten?« fragt sie und gibt gleich selbst die Antwort: »Die physischen, astralen und mentalen Körperbereiche dienen der göttlichen Seele als Ausdrucksorgane auf den einzelnen niederen Daseinsebenen. Sind diese Bereiche nicht fähig, den Seelenimpulsen entsprechend zu reagieren, entsteht Disharmonie, Krankheit. Es ist nun Sache des Kranken, die Disharmonie zu beseitigen, seine Bereiche für die Seelenimpulse aufnahmebereiter zu machen. Und das eben geschieht auch durch Meditation. Der Heiler kann den Kranken bei seinen Bemühungen unterstützen.«

Hier liegt auch ihre eigentliche Tätigkeit, die sie mit großem Erfolg, insbesondere bei psychosomatischen Krankheiten, Hautkrankheiten und Verspannungen ausübt. »Zunächst gehe ich mit den Händen direkt an den Körper des Patienten«, sagt die Berliner Heilerin. »Ich muß seine Wärme spüren und einen Kontakt herstellen. Ich habe gemerkt, daß sich der einzelne dann auch viel besser öffnen kann. Dann ist eine Berührung nicht mehr notwendig; ich streiche in einem Abstand von etwa zwei Zentimetern über den Körper. Dabei erspüre ich einen möglichen Krankheitsherd; es ist, als ob mir Kraft aus den Händen weggesogen wird. Bei einer Entzündung zum Beispiel spüre ich ein starkes Ziehen.«

Die meisten Patienten kommen auf Empfehlung durch Dritte zu ihr. So auch eine zweiundzwanzigjährige Germanistikstudentin, die unter so heftigen Migräneanfällen litt, daß sie ihr Studium unterbrechen mußte.

»Als die Studentin bei mir war, habe ich ihr mehrere Male mit beiden Hände über den Kopf und Scheitel gestrichen. Sie sagte mir dann, daß sie eine starke Wärme im Rücken spüre. Nach dieser ersten Behandlung rief sie mich an und sagte, es gehe ihr schon viel besser. Dann aber hatte sie wieder einen Rückfall; sie meinte, das liege wohl an der anstrengenden Busfahrt. Es schien mir ratsam, das Mädchen nicht noch einmal zu mir hinauszubestellen – ich wohnte damals noch im Randbezirk Kladow. Ich begann jetzt mit Fernbehandlung: Wir machten aus, daß mich die Studentin wöchentlich anrufen sollte. Von da an ging es ihr schlagartig besser. Diesen Kontakt hatten wir über ein Jahr lang. In dieser Zeit hatte sie so gut wie keine Migräneanfälle mehr. Inzwischen hat sie ihr Studium beendet und arbeitet völlig beschwerdefrei.«

In einem anderen Fall kam eine zweiundvierzigjährige Hausfrau zu Liselotte Baertz und klagte über panikartige Angstzustände, die durch die unterschiedlichsten Dinge ausgelöst wurden. Das konnte ein weiter freier Platz sein, aber auch ein enger U-Bahn-Schacht.

»Diese Frau habe ich dann energetisch behandelt«, sagt die Heilerin. »Ich habe eine Druckmassage angewendet und ihr immer wieder über den Rücken gestrichen. Sie kam fünfmal zu mir. Schon bei ihrem zweiten Besuch sagte sie mir, daß sie zum ersten Mal seit vielen Jahren wieder ohne Schwierigkeiten habe einschlafen und durchschlafen können. Auch die Angstzustände lösten sich langsam. Nach ein paar Monaten kam sie noch einmal zu mir. Ich wiederholte die Behandlung – und von diesem Augenblick an war die Frau von ihrer panischen Angst befreit.«

Helfen konnte Frau Baertz auch einem Siebzehnjährigen, der völlig entschlußunfähig war und keiner Arbeit richtig nachgehen konnte. »Ich habe den Jungen fünf Tage lang behandelt, jedesmal eine Stunde lang. Jetzt steht er mitten in seiner Ausbildung, ohne jedes Problem.«

Da ist ein siebzigjähriger Mann, der mit einer schweren Gesichtsrose zur Berliner Heilerin kam. »Er hatte schon eine ganze Reihe von Ärzten aufgesucht, die ihm aber alle nicht helfen konnten. Statt dessen hatte er sich auch noch eine beginnende Thrombose zugezogen. Ich habe ihn viermal behandelt. Nach zehn Tagen waren sowohl die Gesichtsrose als auch die Thrombose verschwunden.«

Zu ihren verblüffenden Erfolgen sagt Liselotte Baertz lediglich: »Jeder Mensch ist selbst Verursacher seiner Krankheiten, und nur er selbst kann die Krankheit beseitigen. Der Heiler übt nur eine unterstützende Funktion aus.«

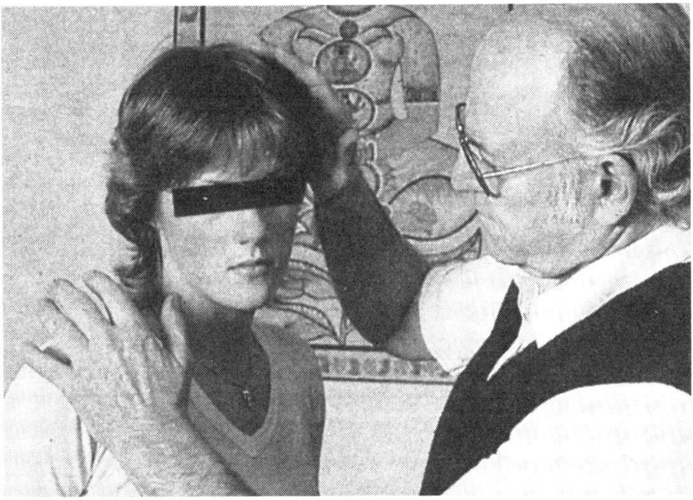

Rolf Stühmer

Ein seltsames Gefühl hat mich gepackt: so, als säße ich allein unter einer riesigen Glasglocke. Ich nehme die Menschen um mich herum wahr, doch kann ich sie nicht hören, obwohl sie nur wenige Meter entfernt sind. Plötzlich sehe ich silberne Ringe vor meinen Augen tanzen. Eine Stimme sagt: »Keine Angst, ich hole Sie gleich zurück.«

Es ist der Geistheiler Rolf Stühmer, der zu mir spricht. Ich begegne ihm zum ersten Mal. Ort des Geschehens ist das Foyer des Hotels »Vier Jahreszeiten« in München.

Stühmer hat mich während des Gesprächs in leichte Trance, in eine Art hypnotischen Zustand versetzt. »Ihre Lieblingsfarbe ist Lila«, sagt er beispielsweise. Richtig! Aber das ist erst der Anfang.

Stühmers Stimme klingt eindringlich, verständnisvoll. Aber er seziert mich förmlich. Er zählt meine Probleme auf, nennt Verklemmungen, die mich bedrücken. Stühmer wirkt bestimmt, sicher. Ein Mann, der die Stimme nicht heben muß, um sich durchzusetzen, dem man anmerkt, daß er etwas zu sagen hat. Manager der oberen Kategorie könnte er sein. Oder Hochschulprofessor.

Manager – das war er einmal, und er hat lange im Ausland gearbeitet. Aber über sein früheres Leben will er nicht reden – er hat ein neues angefangen, als er vor fünfzehn Jahren Heiler in Hamburg wurde. Daß andere empfanden, daß von ihm positive Kräfte ausgingen, genügte ihm nicht. Er verschaffte sich erst wissenschaftliche Grundlagen, er lernte sein Fach, wurde Heilpraktiker.

Die Patienten, die in Hamburg zu ihm kommen, betreten eine hochmoderne Praxis mit ausgebildeten Sprechstundenhilfen und Krankenschwestern. Blutabnahme, Reflexproben, einem Computer im Hintergrund, der Meßergebnisse in graphische Darstellungen übersetzt. Alle gängigen Untersuchungsmethoden werden angewandt. Beruhigende Musik prägt die Atmosphäre. Das ist die Praxis auf den ersten Blick.

Ärzte haben Stühmer schon oft zu Vorträgen eingeladen – über seine eigenen ungewöhnlichen Kräfte: Stühmer spürt die Aura des Menschen, seine Ausstrahlung, die ihm auch sagt, was krank ist und was nicht. Der Patient merkt das manchmal gar nicht. Stühmer gleitet mit den Händen am Körper vorbei – und er fühlt kalte und warme Zonen, Störungen und Kraftgebiete.

Die Aura umzuckt, für unsere Augen nicht sichtbar, als Lichtkranz auch die Spitzen der Finger und der Zehen. Und in diesem Feuerwerk spiegelt sich – das ist für Stühmer und andere Wissenschaftler sichere Erkenntnis – der ganze Mensch, sowohl sein seelischer als auch sein körperlicher Zustand.

Die Aura läßt sich sogar fotografieren. Eine Methode dazu wurde von sowjetischen Wissenschaftlern entwickelt. Stühmer hat sie übernommen. Ein anderes wichtiges Untersuchungsinstrument für ihn ist der Rutenpendel, eine

Art Griff mit einer dünnen Stahlrute daran, die zitternd ausschlägt, wenn er sich kritischen Punkten nähert. Ein Mittelding zwischen Wünschelrute und Pendel.

»Dabei gehe ich von dem Grundgedanken aus, daß jede Krankheit in psychisches Geschehen eingebunden ist. Es gibt keine Krankheit ohne eine Disharmonie der Seele«, sagt Stühmer. »Ich behandle grundsätzlich Körper, Geist und Psyche.«

Gerade hat ein siebzigjähriger Patient das Haus aus eigener Kraft verlassen, der – so sagt er selbst – vor ein paar Monaten noch zehn Minuten brauchte, um ein paar Stufen emporzusteigen. Atemnot, Brustschmerzen und Angina pectoris machten ihm andere Bewegungen unmöglich. Stühmers geheimnisvollen Kräfte ließen das »Herzleiden« weichen. »Aber er war nicht herzkrank«, sagt Stühmer. Der Mann, den man schon aufgab, war körperlich und seelisch aus dem Gleichgewicht geraten; das Zusammenspiel der Energien funktionierte nicht; ein paar harmlose Leiden kamen dazu – »Alles, nur nicht Angina pectoris.«

»Aber bei mir ist es die Wirbelsäule«, sagt ein Fotograf, der bei der Begegnung dabei ist. Er hat seit langem schon Schmerzen. Rolf Stühmer ist bereit, ihn zu untersuchen und kommt zu dem Ergebnis: »Die Wirbelsäule? Unsinn. Da stimmt etwas nicht im Prostatabereich.«

Der Fotograf geht wenig später zum Facharzt, läßt die Diagnose nachprüfen. Stühmer hatte recht. Nun vertraut der Kollege dem Heiler, er läßt sich behandeln. Stühmer verordnet eine Kur mit Spritzen – und die Schmerzen sind seitdem völlig verschwunden. »Aber ich selbst heile nicht«, sagt Stühmer. »Durch mich wird geheilt.« Er fühlt sich nur als Antenne für jene Kräfte, die offenbar vielen helfen.

Margarete Rauer

Sie ist eine Frau, die auffällt: groß, schlank, blond, sie hat graublaue Augen. – »Sie muß gar nichts tun, und dennoch richten sich die Blicke der anderen auf sie«, sagt eine Freundin von ihr. »Die meisten sind über ihre Augen verwundert. Sie sind sehr weich und sehr sensibel, anders als normale Augen.« Es ist wirklich so: Wer einmal in diese Augen geschaut hat, vergißt sie nicht mehr. Sie können einen Menschen mit einem einzigen Blick vollständig erfassen.

Margarete Rauer ist Geistheilerin – und Künstlerin; sie arbeitet in Schieferstein und schreibt meditative Aussagen. Sie wohnt [redacted] in einem schönen Haus auf der Wasserscheide zwischen Rheinland und Westfalen; von hier aus bietet sich ein Panorama, das bei klarem Wetter über dreißig Kilometer reicht. »Ich lebe mitten in Feldern; Rehe kommen sogar bis in meinen Garten. Es ist eine richtige Idylle.«

Allein dieser freie Blick gibt Margarete Rauer die Kraft, anderen Menschen zu helfen. »Ich selbst kann nicht heilen«, sagt sie. »Das kann nur Jesus Christus. Ich habe mich als sein Werkzeug in seine Hand gegeben. Ich bin nur ein Kanal für die göttlichen Heilungskräfte. Wer heilt, muß versuchen, demütig zu sein und einen sauberen Lebenswandel zu führen.«

Den Blick auf die weiten Felder gerichtet, erinnert sie sich: »Ich war schon als Kind anders als andere Kinder. Ich war einfach aufgeweckter. Die Lehrer freuten sich über die unendlich vielen Fragen, die ich hatte. Ich gab auch nicht eher auf, bis meine Fragen gelöst waren und ich die Antwort verstanden hatte und annehmen konnte.«

Schon bald merkte sie auch, daß sie eine intensiv beruhigende Wirkung auf ihre Mitmenschen hatte. »Es war mitten im Krieg, da spürte ich, daß die Leute selbst bei Luftangriffen immer ruhig wurden, wenn ich zu ihnen kam. Es grenzt schon an ein Phänomen, daß immer das Fleckchen Erde, auf dem ich mich gerade befand, heil blieb. Zweimal fielen ganze Stadtteile rund um uns in Schutt und Asche. Ich selbst und drei andere Menschen in meiner Nähe blieben auf nur vier Quadratmetern unversehrt. So war es immer und überall: Wo ich hinkam, schlug etwas ins Positive um. Ich konnte den Menschen eine starke Sicherheit geben. Es war wie eine Strahlung – in meiner Nähe passierte nichts Böses.«

Es war Mitte der fünfziger Jahre, als sie ihre »eigentliche Berufung« erkannte. »Ich war damals im Urlaub in den österreichischen Alpen. Dort sprach mich eine englische Professorin an. Sie fragte mich, ob ich eigentlich wüßte, daß ich heilen könne. In meinen Händen läge Gold; alles was ich anfassen würde, gelänge mir, gleich was es sei. Ich sei mit dieser Gabe geboren. Nun ja, was macht man in einem solchen Augenblick? Man ist verwundert und versucht, das Ganze so schnell wie möglich zu vergessen.

Doch eines Tages geriet ich in widrige Umstände. Da erinnerte ich mich an die Worte der Professorin. Ich fühlte zum erstenmal bewußt in mir diese Kraft, die mich schon immer, ohne daß ich es merkte, begleitet hatte.«

Es ist die Kraft, mit der sie – davon sind viele Menschen überzeugt – wahre Wunder vollbringen kann. Jedoch lehnt Margarete Rauer das Wort »Wunder« entschieden ab. Sie betrachtet sich selbst nur als ein »Brunnenröhrchen, durch das die göttlichen Heilungskräfte fließen können«.

Das war der Fall bei einer sechsundsechzigjährigen Frau, die mehrere Schlaganfälle erlitten hatte und an Armen und Beinen völlig gelähmt war. Als auch noch hohes Fieber auftrat, dessen Ursache unerkannt blieb, kam die Frau auf die Intensivstation eines Krankenhauses. Dort mußten die Ärzte erkennen, daß sie für diese Frau eigentlich nichts mehr tun konnten. »Eine Freundin von ihr wandte sich dann an mich. Ich schloß die todkranke Frau in meine Gebete ein; meine Gedanken waren dann immer völlig auf sie konzentriert. Ein halbes Jahr später konnte diese Frau wieder ohne Stock laufen. Nur der rechte Arm blieb gelähmt. Die Ärzte konnten sich diesen Wandel nicht erklären.«

Eines Tages kam ein fünfundvierzigjähriger großer, kräftig gebauter Mann auf Margarete Rauer zu und erklärte ihr, daß er sein Testament machen müsse, denn sein Magenbluten höre trotz aller ärztlichen Kunst nicht auf. »Es war kurz vor einer Versammlung. Ich bat ihn, mir in einen ruhigen Seiteneingang zu folgen; dort waren wir allein. Ich legte ihm meine Hände auf und sprach ein Gebet. Schon am Abend desselben Tages fühlte sich dieser Mann wohler. Seine Kräfte kamen langsam zurück, und sein Magenbluten hörte auf. Nach einem halben Jahr hatte er seine Krankheit fast vergessen.«

In einem anderen Fall bat ein Architekt um Behandlung seines schlechten Gesundheitszustandes, ohne diesen näher zu schildern. Während der Heilbehandlung sagte ihm Margarete Rauer, einer plötzlichen Eingebung folgend: »Deine Füße laufen auch für Jesus Christus.« Frau Rauer wußte in diesem Augenblick selbst nicht, was das bedeuten sollte. »Doch als ich nach etwa vier Wochen die Frau des Architekten traf, erzählte mir diese strahlend, daß das alte Überbein am Fuß ihres Mannes spurlos verschwunden sei. Er könne jetzt laufen wie noch nie zuvor.«

Eine fünfundsiebzigjährige Frau suchte verzweifelt die Geistheilerin auf. Sie klagte über einen brennenden und juckenden Hautausschlag an der Hüfte. Keine Behandlung hatte ihr bisher helfen oder auch nur Linderung bringen können. »Ich nahm eine Kontaktbehandlung vor, und schon am zweiten Tag klang die flammende und glänzende Röte ab, das Jucken ließ nach, und der Ausschlag verschwand.«

Zu all diesen »Wundern« sagte Margarete Rauer nur: »Wenn sich ein Mensch mit einem Geistheiler in Verbindung setzt, dann geschieht immer etwas, auch wenn nach außen hin keine Heilung sichtbar werden sollte. Indem der Heiler den Kranken im Gebet Gott vorstellt, wird die Seele des Patienten berührt und sein Umfeld positiv beeinflußt.«

Josef Neumeyer

»Die Schulmedizin hat versagt.« Es war eine Rosenheimer Ärztin, die das sagte. Sie hatte fast unerträgliche Hals- und Nackenschmerzen, und kein Kollege konnte ihr einen Rat geben. Aber dann kam ein Mann, der ihr Heilung brachte: Josef Neumeyer. Er ist in Rosenheim für seine Erfolge mit der Wünschelrute bekannt. Der ehemalige Lkw-Fahrer ist Spezialist für Erdstrahlen.

Die Schmerzen hatten begonnen, als die Ärztin neue Praxisräume bezog. Dort fand sich auch des Rätsels Lösung. Neumeyer stellte unter ihrer Praxis Wasseradern fest, die als Störzonen wirkten.

Kann es sein, daß unterirdische Wasserläufe die Gesundheit der Menschen empfindlich stören? Gibt es wirklich Strahlen aus der Erde? – Ich bekam erstaunliche Antworten auf diese Fragen.

Mein erster Gesprächspartner, Pater Frumencius aus St. Ottilien bei München, ist neunundsiebzig Jahre alt.

Manchmal spürt er Strahlungen, die aus der Erde kommen, mit der bloßen Hand, ohne Wünschelrute. Aber dazu gehört Routine. »Vertrauen Sie niemandem, der nicht einige Jahrzehnte Erfahrung hinter sich hat und von einem fähigen Rutengänger ausgebildet ist«, rät er.

Pater Frumencius arbeitet bereits seit 1930 mit der Wünschelrute und geht dabei von der Erkenntnis aus: Es gibt Störungen des elektrischen Magnetfeldes, die krank machen können – Störungen, die seine Wünschelrute anzeigt. Sie können verursacht werden durch unterirdische Wasserläufe, durch geologische Verwerfungen, etwa dem Einsturz von Hohlräumen, bei denen minimale Stromstöße entstehen. Diese zeigt der Ausschlag der Wünschelrute an.

»Da gibt es schlimme Dinge, gegen die wir machtlos sind«, sagt der Pater, aber vieles läßt sich beseitigen, entstören – manchmal ganz einfach dadurch, daß Betten umgestellt werden, die in einem elektrischen Störfeld stehen. Zweifler verweist er an die Technische Universität München – dort werden diese Erscheinungen untersucht.

Ich sprach mit Professor Herbert König, Extra-Ordinarius für technische Elektrophysik an der TU München. Sein Spezialgebiet ist die Erforschung des Wünschelrutenphänomens und elektromagnetischer Störungen. »Es gibt durchaus sichere Anhaltspunkte dafür, daß die Wünschelrute in der Hand sensibler Menschen auf bestimmte Ausstrahlungen reagiert – ungenau natürlich, mit schwankender Trefferquote«, sagt der Professor.

Die Wissenschaft bestätigt also, daß es Störfelder gibt? »Selbstverständlich gibt es elektromagnetische Störfelder, die natürliche oder technische Ursachen haben können.« Der Wissenschaftler vermeidet das Wort Erdstrahlen. »Da muß man erst genau definieren, was gemeint ist.« Nennen wir es also Störfelder. Wie können sie entstehen? Professor König meint dazu: »Wasserführung unter dem Boden bewirkt eine veränderte Strahlungssituation darüber.« Auf meine Frage, ob hier Ursachen von Gesundheitsstörungen liegen können, ist Professor König allerdings zurückhaltend: »Ich bin kein Arzt. Wir messen nur die Strahlungen.«

Daß der Rasenmäher des Nachbarn den Radioempfang stören kann, weiß jeder. Manchmal kommen zu technischen Ursachen natürliche – sogenannte geopathische – Störungen hinzu und verstärken die Wirkung. »Und dann können Schlafstörungen, Nervosität, Reizbarkeit, Depressionen, Müdigkeit, Konzentrationsmängel oder auch Herzrhythmusstörungen auftreten«, stellt Professor Anton Schneider fest, der 1976 ein »Institut für Baubiologie« gegründet hat.

Zur Unterstützung wird ein ganzes Dutzend von Geräten eingesetzt – Feldsonden, Magnetometer, Geigerzähler, Feuchtigkeitsmesser und Ohm-Meter. Aber Professor Schneider schätzt auch die Wünschelrute: »Die Instrumente sollen sich wechselseitig ergänzen. Was von einem sensiblen Menschen durch die Wünschelrute empfunden wird, muß dann mit wissenschaftlichen Mitteln gemessen werden. Doch oft ist es das Gefühl, das erst den Anstoß zur Entdeckung einer Störung gibt – vor allem, wenn die Wünschelrute in der Hand eines Meisters ist.«

Versuche scheinen zu zeigen, daß Entstörung möglich ist. Der Rosenheimer Ärztin zum Beispiel, die von ihren Hals- und Nackenschmerzen befreit wurde, half simples Stanniolpapier.

Wie kam Josef Neumeyer darauf? Er war im Krieg bei der Luftwaffe eingesetzt und beobachtete, daß bei Angriffen Stanniolstreifen abgeworfen wurden. Sie reflektierten Radarstrahlen und irritierten so den Gegner. Das funktionierte genauso bei normalen elektromagnetischen Strahlen auf der Erde. »Ich hätte auch Kupferdraht nehmen können«, sagt Neumeyer, »aber der Draht oxidiert nach einigen Jahren und wird damit wirkungslos. Stanniol hält ewig.« Im Fall der Ärztin hat Neumeyer den Boden der Praxis mit Stanniol isoliert.

Stanniol half auch dem achtjährigen Michael. Nach dem Umzug seiner Eltern klagte er über starke Kopfschmerzen. Er konnte nachts nicht schlafen, wurde aggressiv. Die Eltern befragten einen Kinderarzt, ließen Michael in einer Münchner Klinik untersuchen. Die Beschwerden blieben – bis Neumeyer gerufen wurde. Wieder entdeckte er Störfelder und isolierte sie.

Fälle wie diese gibt es viele – nicht nur in Rosenheim.

Für alle gilt offensichtlich, was die Ärztin über den eigenen Fall sagt: »Hier haben wir ein klassisches Beispiel dafür, daß mit anderen Mitteln da geholfen werden kann, wo die Schulmedizin versagt. Bei mir hatten selbst schwere Schmerzmittel nicht angesprochen. Heute brauche in keine Medikamente mehr.«

Helga Kiesel

Warum konnte Christine Kaufmann plötzlich nicht mehr richtig schlafen? Bisher hatte sie da keine Probleme gehabt – die nächtliche Unruhe kam erst, als sie in eine neue Wohnung in Münchens Stadtmitte einzog. Schlaflosigkeit nachts – Müdigkeit untertags, ein ungutes Gefühl im Magen. Woran konnte das bloß liegen?

Die bekannte Schauspielerin kam mit einer Nachbarin ins Gespräch, mit einer jungen, eleganten Frau, die aussieht, als sei sie Geschäftsführerin bei einer anspruchsvollen Firma. Aber Helga Kiesel hat einen völlig anderen Beruf: Sie ist Giromantin, Pendlerin und Wünschelrutengängerin. So steht es auf ihrer Visitenkarte; und so ist sie auch beim Gewerbeamt angemeldet. Und Helga Kiesel konnte Christine Kaufmann helfen...

Sie nahm einen dünnen, biegsamen Metallstab, der schon bei leichter Berührung ins Zittern kommen kann. Das ist die moderne Form einer Wünschelrute, die man einst aus Ästen zusammenschnitt. Mit dieser Rute schritt Helga Kiesel die Wohnung von Christine Kaufmann ab. Heftig schlug das Gerät dort aus, wo das Bett der Schauspielerin steht. Darunter – so zeigte die Wünschelrute an – müßten sich unterirdische Wasserläufe kreuzen, was sich nach Erfahrung der Rutengänger auf die Gesundheit auswirken und Schlafstörungen verursachen kann. Die einfache Therapie lautete: »Das Bett muß umgestellt werden.« Seitdem sind Christine Kaufmanns Beschwerden verschwunden.

Gerade, als ich Helga Kiesel frage, was sie außerdem für Erfolge habe, ruft eine andere Schauspielerin an und vereinbart einen Besuch, bittet allerdings, ihren Namen nicht zu nennen. An der Wand von Helga Kiesels Besprechungszimmer hängt übrigens ein Foto, das sie mit »Kojak«, Telly Savalas, zeigt. Auch für ihn ließ sie ihr Pendel schwingen. Offensichtlich hat sie prominente Klienten. Wie kann sie ihnen helfen?

Ich bereite einen Versuch mit einer Testperson vor, die sich vorher von einem Arzt hatte untersuchen lassen. Frau Kiesel läßt ihr Pendel über der Hand des Besuchers kreisen. Dann wiederholt sie das über einer Art Windrose, einer Zeichnung mit einer kompaßähnlichen Einteilung. So kann sie genau den Winkelgrad, die Richtung des Ausschlags ihres Pendels messen.

Und was besagt das?

»Jeder Mensch hat seine eigene Strahlung, seine Aura, sein Od, wie man auch sagt. Ich reagiere nur auf diese Strahlen mit dem Pendel. Es macht durch seine Bewegungen sichtbar, was im anderen vorgeht. Ich bin lediglich die Empfangsstation.«

Bei der Versuchsperson meldete der Pendelausschlag Beschwerden. Der Streß setzt dem Mann offenbar zu. »Da könnte etwas im Zwölffingerdarmbereich sein. Und der Blutdruck ist leicht erhöht.«

Stimmt genau – das hatte vorher auch der Arzt festgestellt. »Aber ich heile nicht«, sagt sie ein paarmal im Gespräch. Bei ihrem Pendelgramm – so nennt sich die Auswertung des Pendelschlags – stellt sie lediglich Störungen fest. »Im Gesundheitsbereich sehe ich sehr genau, was da kommt«, sagt Helga Kiesel. Aber dann schickt sie den Betroffenen zum Arzt – und der rechtzeitige Tip kann sehr viel Kummer und Leid ersparen, wie eine Klientin von Helga Kiesel in einem Brief dankbar berichtet. Sie erzählt ihre ganze Krankengeschichte:

Sie hatte eben die Krebsvorsorge-Untersuchung hinter sich gebracht. Ohne Befund. Dann fuhr sie in Urlaub, zuerst einmal nach München. Eine Freundin erzählte ihr von Helga Kiesel. Aus Neugierde ging sie zu ihr. Lassen wir die Frau wörtlich berichten:

»Sie sagte mir, ich solle sofort noch einmal den Arzt aufsuchen. Sie forderte es so nachdrücklich, daß ich meinen Mann überredete, den Urlaub abzubrechen. Dem Arzt zu Hause verschlug es die Sprache. Innerhalb kurzer Zeit hatte sich eine Krebsgeschwulst in der linken Brust gebildet.«

Sie konnte noch rechtzeitig, ohne Folgen für die Frau, entfernt werden. Ein halbes Jahr später wäre sie wahrscheinlich ohne Amputation nicht mehr zu retten gewesen. Andere Patienten berichten, daß Helga Kiesel sie so rechtzeitig vor Nierenversagen warnte, daß die Ärzte schnell und ohne Probleme helfen konnten. Sie sieht manchmal dabei weit in die Zukunft.

»Manchmal kann ich erkennen, daß sich beispielsweise in zwei oder drei Jahren eine schwere Krankheit einstellen wird.« Sie sagt es, nicht um Angst zu machen, sondern in der Hoffnung, daß sich ihre Prophezeiung nicht erfüllt, denn ihre Besucher können nach der Warnung durch Frau Kiesel vorsichtiger leben, zeitig den Arzt um Rat fragen und sich auf die Verhinderung der Krankheit einstellen.

Wie hat sie eigentlich ihre Begabung entdeckt? Helga Kiesel wuchs in Franken auf und wurde Industriekauffrau. Eines Tages brachte ihr der Chef aus Indien als Erinnerung ein Pendel mit, der in ihrer Hand sofort spürbar intensiv reagierte. Das beobachtete bei anderer Gelegenheit ein Besucher des Chefs, und der sagte: »Aus dir wird mal was.« Der Mann, der ihr eine Karriere als Pendlerin ankündigte, war Bruno Gröning.

Sie verschaffte sich im Laufe der Jahre immer mehr Wissen und verfeinerte die Methoden. Jetzt, nachdem ihre beiden Töchter schon erwachsen sind, kann sie sich für ihr Fach auch mehr Zeit nehmen. Und zur Eingebung kommt Erfahrung. Helga Kiesel setzt heute eine ganze Reihe von Pendeln ein – aus Ebenholz, Bernstein, Bergkristall, Elfenbein, Metall. Jedes Material reagiert anders. Bernstein zeigt ihr besonders spürbar Erkrankungen von Kopf, Hals und Bronchien an. Rosenholz ist für feinste Schwingungen empfindlicher als Metall. Damit pendelt sie Krankheiten aus. Metall benützt sie eher für geschäftliche Prognosen.

Damals, als sie noch Industriekauffrau war, pendelte sie für ihren Chef sogar aus, ob bestimmte Aufträge sich lohnen würden. Um geschäftlichen Rat wird sie auch heute noch gebeten – so, wie Besucher sich vom Pendel auch Empfehlungen anderer Art geben lassen: Sie spürt zum Beispiel, und das Pendel zeigt es an, ob Menschen zueinander passen. Ja sogar, ob ein Kranker und ein Medikament aufeinander abgestimmt sind. Zuletzt mußte das Pendel einmal bei einer sehr dramatischen Entscheidung helfen.

Ein Vater, Musiker in München, brauchte Rat. Sein Sohn stand vor einer lebensbedrohlichen Operation. Ein Mittelhirntumor mußte entfernt werden. In München hieß es, daß die Chancen sehr gering seien. Wohin sollte er sich nun wenden? Der Vater hatte eine Liste von sechs Ärzten zusammengestellt, die ihm genannt worden waren. Aber an wen sollte er sich wenden? Da ließ er sich vom Pendelschlag beraten, der auf einen persischen Chirurgen in Hannover verwies. War es ein guter Rat?

»Das Kind hat die Operation sehr gut überstanden«, kann der Vater berichten. »Zehn Tage nach der Operation konnte er bereits spazierengehen.« Und jetzt sagt der Pendelschlag: »Er wird weiter so leben wie bisher.«

Aber nicht nur bei den ganz großen, schwerwiegenden Ereignissen kann Helga Kiesel mit der Magie des Pendels Hilfe leisten. Auch bei den sogenannten alltäglichen Problemen und Fragen gibt das Pendel Antwort.

Karin Stühler kann das nur bestätigen. Die zweiundvierzigjährige Frau aus Stuttgart kam im Auftrag ihres Ehemannes zu Helga Kiesel.

»Mein Mann konnte sich nicht entscheiden«, sagt sie. »Sechs Angebote von verschiedenen Firmen lagen ihm vor, alles einmalige Chancen für ihn als Elektriker. Doch welche Offerte sollte er annehmen, welche Firma war die richtige?«

Mit dem Pendel fand Helga Kiesel heraus, welchem Betrieb Herr Stühler den Zuschlag geben sollte. »Mein Mann ist noch heute begeistert!« verrät Karin Stühler. »Er hat Helga Kiesels Rat befolgt und die beste Wahl seines Lebens getroffen!«

Karin Stühler und viele andere Besucher, inzwischen Stammkunden, waren anfänglich skeptisch. Aber Helga Kiesel und die Antworten des Pendels haben sie überzeugt.

Irmgard Christoph

Der Behandlungsraum der Geistheilerin Irmgard Christoph aus Neckarbischofsheim ist auf ungewöhnliche Weise entstanden. Nachdem sie sich »einer inneren Stimme folgend« zum Heilen entschlossen hatte, suchte sie in ihrem Haus einen geeigneten Behandlungsraum. »Ich war lange im Zweifel, aber dann hatte ich einen Traum: Ein Mann stemmte mich durch die Bodenluke zum Dachboden hinauf. Das mußte eine Bedeutung haben. Ich sah mir den Dachboden an und stellte fest, daß man ihn sehr gut ausbauen konnte.« Dann mußte nur noch eine Wendeltreppe angebracht werden. Inzwischen ist dieser Raum unter dem Dach, in dem Irmgard Christoph seit Jahren heilt, wunderschön mit Holz vertäfelt.

Schon immer hatte Irmgard Christoph kranken Menschen helfen wollen. »Das fing bereits als Kind an. Damals sagte eine Tante zu mir: ›Ach, leg mir doch die Hände auf, ich habe solche starken Kopfschmerzen.‹ Ich habe es getan, und es war wie ein kleines Wunder, daß die Kopfschmerzen wenig später aufhörten; meine Tante war ganz erstaunt. Aber als sie wieder einmal unter Kopfschmerzen litt und ich ihr wieder die Hände auflegte, geschah das gleiche. Nun baten mich auch andere immer häufiger zu helfen; so zum Beispiel auch bei Migräneanfällen. Ich habe dabei immer gebetet; es waren kindlich-naive Gebete, und das ist bis heute so geblieben.«

Irmgard Christoph wollte dann auch einen Beruf ergreifen, bei dem sie Menschen heilen konnte, doch aus vielen Gründen klappte es nicht mit einem Medizinstudium. Aber sie heiratete dann einen Arzt. Nebenbei lernte die gebürtige Oberschlesierin Yoga und gab viele Yoga-Kurse an Volkshochschulen.

»Yoga hat ja in erster Linie mit Meditation zu tun, und so kam ich ganz automatisch wieder auf jene ursprüngliche Kraft zurück, mit der ich damals als Kind meiner Tante und anderen Verwandten hatte helfen können. Ich beschäftigte mich nun eingehender mit der Heilertätigkeit. So fuhr ich vor etwa achtzehn Jahren zu einer Heilertagung nach Kansas City in Amerika. Ich erinnere mich noch ganz genau an jenen Tag, an dem die 130 Teilnehmer in einen Park geführt wurden. Dort hingen an den Bäumen 130 Glöckchen – für jeden Teilnehmer eines –, und an jedem Glöckchen war ein Zettel befestigt. Wir sollten nun auf die Bäume zugehen und uns einen der Zettel holen. Ich hatte mir ein Glöckchen ausgesucht, das nicht so glänzte wie die anderen. Auf dem Zettel stand: ›Ich verbinde dich mit erneuerndem Leben.‹«

Mit diesem Zettel trat für Irmgard Christoph die entscheidende Lebenswende ein. »Ich habe mich damals unter den Baum gesetzt und meditiert.« Dabei ist ihr immer klarer geworden, daß es jetzt an der Zeit sei, selbst zu heilen.

»Es war eine innere Stimme, die mich dazu aufforderte.

Dann gab es eine seltsame Begegnung, die mich endgültig bestärkte, künftig heilend zu wirken. An jener Tagung nahm auch eine Klavierlehrerin teil, die aber nicht mehr spielen konnte, weil sie Schmerzen am Meniskus hatte. Ich fragte diese Frau, ob ich ihr einmal meine Hände auf das Knie legen dürfe. Dann habe ich gebetet, so wie ich es damals als Kind tat, ganz naiv: ›Lieber Gott, hilf ihr doch, sie möchte doch wieder Klavierspielen.‹ Ich berührte das schmerzende Knie, und wenig später konnte diese Frau ihr Bein wieder ungehindert bewegen. Anschließend sind immer mehr Leute zu mir gekommen, mit den verschiedensten Beschwerden. Ich habe immer das gleiche gemacht: die Hände aufgelegt und gebetet – und die Schmerzen waren weg.«

Wieder nach Deutschland zurückgekehrt, wies eine Yoga-Lehrerin Irmgard Christoph auf ein Seminar englischer Geistheiler auf Burg Stättenfels hin.

»Durch die Engländer habe ich dann gelernt, von den Chakras her zu heilen. Ich taste den Körper eines Kranken im Abstand von zwanzig Zentimetern ab. Wenn ich dabei auf einen Krankheitsherd stoße, fühle ich eine starke, oft sogar sehr aggressive Strahlung am körpereigenen Magnetfeld.

Weil immer zuerst die Seele erkrankt und dann erst der Körper, beginne ich mit dem Patienten ein sehr ausführliches Gespräch. Meist nehme ich mir beim ersten Mal eine Stunde Zeit, oft sogar zwei Stunden. Danach nehme ich die Hände des Kranken in meine und verbinde mich durch das Gebet mit der Seele des Kranken. Dabei entsteht völlige Leere in mir, bis ich plötzlich in meinem eigenen Körper die Stelle spüre, die bei dem Patienten krank ist. Ich lasse mich innerlich leiten und spüre, was für den jeweiligen Patienten nötig ist. Ich habe da verschiedene Methoden, denn manchmal kommt man an einen Menschen nur sehr schwer heran. Hinzu kommt eine Art von

Hellsichtigkeit«, sagt Irmgard Christoph. Und sie fügt lächelnd hinzu: »Oft ist das für mich selbst ein Abenteuer...«

Eines Tages kam eine Mutter mit einem zweijährigen Kind, das an Mundfäule litt. Das Kind aß schon längere Zeit nichts Richtiges mehr und war stark abgemagert. »Ich konnte es aber nicht behandeln, weil es so schrie. Ich habe der Mutter dann aufgetragen, mich immer dann, wenn der Junge schreien würde, von zu Hause anzurufen, und sagte ihr, daß ich dann fernbehandeln würde. Am Abend kam der Anruf. Ich habe den Astralkörper des Kindes zu mir geholt und ihn behandelt, indem ich mir vorstellte, ich trüge das Kind in meinen Armen, dabei konnte ich den Körper ganz genau fühlen. Nach etwa drei Wochen kam die Mutter voller Dankbarkeit zu mir. Die Mundfäule war seit jenem Telefongespräch allmählich abgeklungen und schließlich verschwunden.«

Und noch einen Fall möchte ich erwähnen: den des dreijährigen Christian, der Leukämie hatte. Ein paar Stunden nach der dritten Behandlung bekam der kleine Junge plötzlich 41 Grad Fieber.

»Die Mutter rief mich aufgeregt an und meinte, daß ihr Kind das nicht überstehen werde. Ich sagte der Mutter nur, daß ich ihren Kleinen gleich fernbehandeln werde. Am nächsten Tag sagte mir die Mutter, daß der Junge ruhig eingeschlafen sei, als ich den Hörer aufgelegt hatte. Das Kind schlief etwa zwei Stunden, wurde dann wach, und das Fieber war weg. Das wiederholte sich ein paarmal, und die Mutter hatte jedesmal Todesangst um ihr Kind. Ich habe ihr immer gesagt: ›Sie brauchen keine Angst zu haben, der liebe Gott schickt das Fieber. Nach dem Fieber wird das Kind gesund.‹ Nach drei Tagen war der Junge dann geheilt. Das wurde später von einem Arzt bestätigt.«

Obwohl sie am liebsten Kinder behandelt, hilft sie

natürlich auch jedem anderen, der den Weg zu ihrem abgelegenen Haus findet. »Es ist sehr gut, daß mein Haus etwas einsam liegt, es strömt dadurch Ruhe aus. Diese Ruhe ist für die Entspannung der Patienten sehr wichtig. Auf meiner Patientenliege erfährt der Kranke zum Beispiel, wie er richtig atmen kann, denn die Atmung ist die Nabelschnur zwischen unserem Schöpfer und uns, die nicht abgerissene Verbindung zu Gott.«

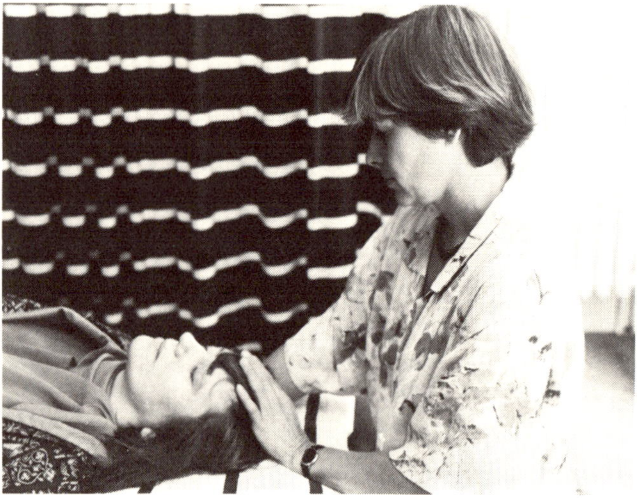

Evelyn Moos

Ob in Bauernhäusern, in Mietwohnungen am Stadtrand, in großen Hotels oder in hochherrschaftlichen Häusern: Es gibt viele Geistheiler in der Schweiz. Nichts Geheimnisvolles umgibt sie, zumindest auf den ersten Blick. Meistens leben jene Menschen, denen übersinnliche Kräfte zugetraut werden, in höchst normalen bürgerlichen Verhältnissen. Exotisches, Metaphysisches, der Anschein des Übernatürlichen wird strikt vermieden. Ungewöhnlich sind nur die Methoden.

Die Heilerin Evelyn Moos ist ein gutes Beispiel dafür. Alte chinesische Erkenntnisse, englische Rezepte, praktische Erfahrungen sind ein Teil ihres Kapitals. Der andere sind heilende Fähigkeiten in den Händen, deren Erfolg ihre Patienten offensichtlich überzeugt. Sie lebt in einer Altbauwohnung mit einem wunderschönen Dachgarten in einem Bürgerhaus von Bern. An den Wänden alte Bilder. Die Behandlungsräume nebenan sind ganz schlicht mit Liegen ausgestattet. So stellt man sich eine medizinische Massagepraxis vor. Evelyn Moos ist in Bern geboren, aber weit herumgekommen. Sie hat in Kanada gelebt und auf einer Reise nach Peru bei zwei Schamanen, südamerikanischen Geistheilern, deren überliefertes Wissen studiert. Dann entdeckte die Bernerin auch noch die Pflanzenheilkunde – und sie fing an, sich selbst zu entdecken und auf die eigenen Kräfte aufmerksam zu werden.

Wie geht sie vor beim Heilen? Ich hatte mir vorher schon ihre Heilmethoden von einer Patientin schildern lassen, die zum wiederholten Male kam. Kein spektakulärer Fall. Es begann damit, daß die siebenundvierzigjährige Angestellte beim Zahnarzt Pech hatte. Bei der Behandlung waren ein Nerv und wohl auch Blutgefäße in Mitleidenschaft gezogen worden. Nichts Ungewöhnliches. Sie müssen nur, hatte der Arzt gesagt, auf Schmerzen gefaßt sein, und darauf, daß die Wange anschwellen und sich verfärben werde.

Eine Bekannte hatte sie zu Frau Moos geschickt. Der Erfolg war verblüffend. Es war keine Schwellung zu sehen, und die Patientin hatte auch keine Schmerzen. Sie verspürte obendrein ein Gefühl der Ruhe und Ausgeglichenheit. Es war ihr, als hätte sie neue Kräfte getankt. Deshalb meldete sie sich wieder bei Frau Moos.

»Wenn ich bei ihr in Behandlung bin, habe ich das Gefühl, an eine kraftspendende Quelle angeschlossen zu sein. Das gibt mir ein inneres Hochgefühl. Und genau das hilft mir, seelische Konflikte abzubauen.«

Die Frau ist nicht nur von physischen Leiden geheilt worden, sondern wird ständig neu psychisch gestärkt. Wie sieht die Behandlung aus? Der wichtigste Teil für die Patientin: Frau Moos strich mit den Händen über den Körper der Patientin hinweg. »Bei geschlossenen Augen spürte ich, wo sie gerade mit den Händen war, obwohl sie mich nicht berührte. Man fühlt die Kraft. Das Gute bei dieser Art der Behandlung ist, daß man keine Chemie zu sich nimmt.«

Vorher hatte Frau Moos den Fuß der Zahnkranken massiert, und zwar an ganz bestimmten Stellen unterhalb der Zehen. Wie kann Fußmassage gegen Zahnweh helfen? Frau Moos geht von uraltem chinesischem Wissen aus, das heute Ärzte wie Heiler aufgreifen. Auch im Fuß spiegelt sich der ganze Körper. Ein Druck auf eine ganz bestimmte Stelle der großen Zehe des linken Fußes löst Reaktionen am Kopf aus. Auch dadurch wird Energie – »Reflexenergie« – freigesetzt.

»Wie Breitengrade auf dem Globus überziehen Energiebahnen – Meridiane – den Körper; und die muß man verfolgen und stimulieren. Wo ein Schmerz ist, ist auch ein Stau«. Mit den Händen sucht sie die Energieströme; gegen Widerstände und Sperren setzt sie ihre Kraft ein. Das heißt, sie streicht mit ihren Händen darüber – »zur Kraftübertragung, zum Energieausgleich«.

Der Körper sagt viel ohne Worte, man muß ihn nur verstehen, meinen Heiler wie Frau Moos. Diese Art der Körpersprache wurde in Kalifornien zur Wissenschaft gemacht, zur Kinesiologie. Bei der Fußakupressur werden – das ist praktisch erprobtes Wissen – andere Körperteile angesprochen und angeregt. Umgekehrt: Man kann sie auch abfragen. Die Reaktionen von Muskeln zeigen Frau Moos, wo im Körper Krankheiten stecken, ob er auf bestimmte Medikamente und Behandlungsmethoden anspricht.

Der ganze Körper wird untersucht – »getestet« sagt Frau Moos. Natürlich gehören auch Intuition, Einfühlungsvermögen dazu –, sie muß es fühlen, wo der Energiestrom stockt. Auf diese Weise überprüft sie auch, ob der Körper bestimmte Heilmittel annimmt. Es wird auf die Haut gelegt, und an der Reaktion der Muskeln liest sie ab, ob der Körper sich gegen das Medikament wehrt. Es ist schon öfter passiert, daß Patienten bei der Behandlung einschliefen. Eine sechsundvierzigjährige Italienerin erzählt davon, die sich wegen chronischer Kopfschmerzen behandeln ließ. »Das war so etwas wie ein Heilschlaf«, sagt Evelyn Moos. Wie die Zahnkranke erwachte die Italienerin mit einem Gefühl neuer Kraft – und die Kopfschmerzen waren wie weggeblasen.

»Ich freue mich jedesmal, wenn die Leute nach der Behandlung strahlen, wenn sich auch ihre inneren Schwierigkeiten lösen.« Krankheit ist für Frau Moos ohnedies »ein Abweichen von der Harmonie, vom Gleichgewicht der Kräfte. So versuche ich, zusammen mit dem Betroffenen, dessen innere Balance wiederherzustellen. Das ist zum Beispiel die wahre Kunst der Schamanen: Sie erkennen in kranken Menschen deren seelischen Zustand; hier setzt ihre Arbeit mit medialer Begabung ein.«

Ähnliche Gedanken bewegten auch den britischen Arzt Dr. Edward Bach (1886 bis 1936), nach dem die Bach-Blüten-Therapie benannt ist. Er hat einen Katalog von achtunddreißig seelischen Störungen aufgestellt – von Angst bis Trauer, die zur Krankheit führen. Gegen diese seelischen Turbulenzen wirken nach seinen Erfahrungen ganz bestimmte Pflanzenextrakte. Bei Angstzuständen wird zum Beispiel ein Extrakt von Sonnenröschenblüten verordnet. Der Grundgedanke, den Frau Moos bei den Schamanen und beim Eigenstudium, bei Dr. Bach und in der chinesischen Medizin bestätigt sah, ist jedoch: »Man muß den Gemütszustand in Ordnung bringen, dann gibt es keine körperlichen Schwierigkeiten.«

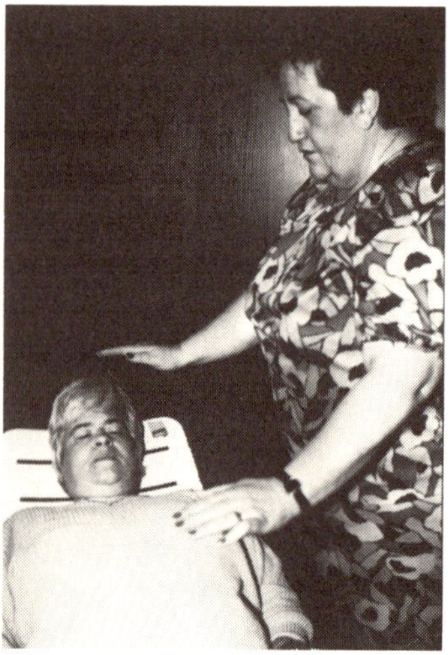

Anita Stark

Sie war auf den Rollstuhl angewiesen, konnte kaum noch gehen und sah nichts mehr. Immer wieder kamen Angstzustände: alles Folgen einer teilweisen Lähmung. Die Frau, die so litt, war Ursula R., eine sechsundvierzigjährige Hausfrau aus Basel. Wie geht es ihr heute? Die schlimmsten Auswirkungen der Krankheit sind nun überwunden. Sie braucht keinen Rollstuhl mehr, und sie hat gelernt, mit ihrer Lähmung ein normales Leben zu führen. »Ich kann heute besser gehen, sehe besser, und die Angstzustände sind weg«, sagt Ursula. »Ich hatte auch keinen Lebensmut mehr.« Wohlgemerkt – die Symptome der Krankheit sind noch vorhanden, aber die Frau hat wieder die Energie, sich selbständig zu versorgen. Der Lebensmut ist wieder da.

Woher hat sie plötzlich die Kraft? Als sie versucht zu erklären, was mit ihr geschehen ist, nennt sie einen Namen: Anita Stark. Ursula R. ist überzeugt: »Ohne sie wäre ich schon am Ende. Sie hat mir sehr geholfen. Ich hatte mich in meine Krankheit geflüchtet. Das hat Anita Stark gleich erkannt.«

Die Frau, von der sie spricht, ist Heilerin in einem Vorort von Basel. Eine einfache Frau, der man schon an der kräftigen Figur ansieht, daß sie Masseurin war. Eine Masseurin mit eigenartigen Händen...

Frau Rossini, eine Vierzigjährige aus Basel, erzählt uns ihre Geschichte: »Als Telefonistin habe ich eine typische Berufskrankheit. Ein Auge schmerzte, so daß ich an eine Krankheit dachte. Die Halswirbel waren total verkrampft, außerdem habe ich eine Arthrose, Ärzte konnten mir nicht helfen. Ich bin schon seit acht Jahren krank. Sie gaben mir nur Spritzen; nichts hat geholfen. Die Schmerzen wurden unerträglich«, erzählt Frau Rossini.

Sie kam zu Frau Stark. »Und sie hat das alles ›ausmassiert‹. Die Schmerzen gingen weg«, berichtet Frau Rossini. Und was ist mit dem Auge? »Frau Stark sagte, das wären Verkrampfungen. Das alles ist heute weg. Ich arbeite voll und komme immer wieder zu Frau Stark. Sie tut mir einfach gut...«

Frau Stark ist eine sehr biedere, sehr resolute Frau, die im vierten Stock eines Hochhauses wohnt – in einer Wohnung voller Katzen. Eine »Bilderbuch«-Hausfrau, möchte man meinen. Vollschlank, zupackend, vertrauenerwekkend. In den Fünfzigern ist sie und Diplom-Masseurin. Eine sehr gutherzige Frau. Ihre Tür ist immer für Ratsuchende geöffnet, und das darf man wörtlich nehmen. Sie schließt nie ab. Jeder kann zu ihr kommen, um Kraft zu tanken.

Eine geheimnisvolle Kraft geht von ihr aus. Davon sind alle überzeugt. Ist es Suggestion – oder wirken magnetische Kräfte? Wird Energie übertragen? Frau Stark selbst kann es am wenigsten erklären. Auf welche Weise heilt sie, massiert sie ihre Patienten? Merkwürdigerweise faßt sie manchmal ihre Patienten gar nicht an. »Ich mach' Kaffee und rede mit den Leuten. Die Krankheit kommt ja oft aus den Problemen. Und wenn ich helfe, die zu beseitigen, dann ist die Krankheit oft schon geheilt!« sagt Frau Stark. Aber da vereinfacht sie wohl ein bißchen.

Bei den Unterhaltungen ergibt sich offenbar ein geradezu magischer Kontakt mit den Patienten: »Oft spüre ich die Krankheiten anderer an meinem Körper.« Dann wird sie bleich. Und die Patienten sehen, daß Schweiß von ihrer Stirn herunterläuft. »Ich spüre auch Dinge, die da kommen: Krankheit, Unglück, aber auch Erfreuliches...« Und wenn sie sich auf den Kranken konzentriert, spürt sie einen Geschmack wie Eisen im Mund – das soll ein typisches Zeichen für Energieübertragung sein, meinen Fachleute.

Sie untersucht auch Akupunkturpunkte an den Füßen und setzt dort an – massierend, sich konzentrierend. Sie hat selbst das Gefühl, daß Energie in Bewegung gebracht wird. »Ich spüre selber, daß da was durch mich hindurchgeht, es ist wie eine Zirkulation. Es fühlt sich an, als säße ich in einem Ameisenhaufen. Das ist nicht bei jedem Menschen gleich. Manchmal spüre ich Kälte und manchmal Wärme. Mancher Patient hat geradezu ein juckendes Gefühl.« Wenn sie allerdings merkt, daß ihre Kraft nichts ausrichtet, schickt sie den Patienten zum Arzt.

Frau Stark ist ehrlich und gibt zu, daß sie selbst nicht weiß, was in ihr vorgeht. Sie weiß nur, daß sie schon als Kind Unheil kommen fühlte. »Da habe ich mich dann immer verkrochen.«

Ihren ersten Heilerfolg hatte sie bei einem sterbenden Hund, dem alle Haare ausfielen und der eingeschläfert werden sollte. Er war am ganzen Körper wund. Sie nahm sich den Hund drei Tage lang vor, badete ihn, sprach mit ihm. Plötzlich begannen seine Haare wieder zu wachsen. Und der Tierarzt sprach von einem Wunder...

Ursula Kress

Es war eine schwere Krankheit, unter der eine Freundin der Filmschauspielerin Liane Hielscher litt. Sie hatte Angst vor Menschen, aber auch Angst, allein zu sein. Sie fühlte sich bedrückt, willenlos, kraftlos, unfähig, mit dem Alltag fertig zu werden. »Depressionen«, sagten die Ärzte. Aber sie konnten ihr nicht helfen. Da versuchte Liane Hielscher noch ein letztes Mittel: Sie hatte von einer Heilerin gehört, die gerade bei Depressionen schon viel erreicht hatte. Ursula Kress aus Berlin ist heute in der Schweiz zu Hause. Zu ihr brachte Liane die angstkranke Freundin. Und jetzt kann sie sagen: »Es ist alles wieder gut. Ein Gefühl, als würde ein neues Leben anfangen.« Was ist geschehen?

»Naturärztin, Heilmagnetopathie, psychologische Beratung« steht auf dem Schild an der Tür des Hauses in Wienacht/Tobel gleich bei der Schweizer Grenze am Bodensee, wo Ursula Kress wohnt. Hinter einem überladenen Schreibtisch sitzt die mütterliche Frau, die auch in der

Schweiz ihren Berliner Akzent nicht verloren hat, der hier fremd, aber sympathisch wirkt.

Ein Fall aus ihrer Praxis hatte sich herumgesprochen und mich neugierig gemacht. Eine taubgewordene Frau habe nach der Behandlung durch Frau Kress ihr Gehör wiedergefunden. Konnte das möglich sein? Die Patientin lebt in Wien – ich rief dort an. Sie ging selbst ans Telefon – und sie verstand mich ohne Hörhilfe klar und deutlich. Sie hat nichts dagegen, daß ihr voller Name – Benedikta Grimm – genannt wird, denn sie ist glücklich. Was sie erlebt hat, ist für sie ein Wunder.

Sie hatte das Gehör verloren als Folge von Vernarbungen nach Mittelohrentzündungen. Ärzte wußten nur einen Rat: Sie verordneten ein Hörgerät, das jedoch wenig half. Benedikta Grimm fand ihren Weg zu Ursula Kress – und nach einigen Besuchen konnte die Heilerin sagen: »Nun legen Sie mal das Hörgerät weg.« Die Patientin verstand immer besser. Das Hörvermögen ist nun wiederhergestellt – wie das Telefongespräch bewies.

Frau Kress gehört jedoch zu jenen erfolgreichen Naturärzten, die erst einmal abschwächen: »Ich heile überhaupt nicht. Es ist die eigene Natur des Patienten, die heilend wirkt. Durch meine Bemühungen spreche ich die Natur des Kranken an, ich kräftige sie, aktiviere alle Funktionen...«

Genau da jedoch stellt sich die Frage, wie diese Behandlung vor sich geht. »Natürlich mit Handauflegen. Das ist das, was der Patient sieht.« Was er nicht sieht, ist die Kraft, die offenbar in ihr steckt, die sie durch kreisende, streichende Bewegungen überträgt.

Ursula Kress folgte damit zunächst unbewußt den Lehren des Arztes Franz Anton Mesmer aus dem 18. Jahrhundert, der am Körper magnetische Kräfte entdeckt hatte. Es gibt, weiß man nun, unter den Menschen wahre Kraftstationen, starke Quellen von magnetischen Strömungen.

Sie hatte schon als Kind gespürt, daß Kranke es als lindernd und wohltuend empfanden, wenn Ursula sie berührte und streichelte... Auf ihre heilenden Kräfte machten sie später auch Ärzte aufmerksam. So kam Ursula Kress als junge Mutter mit dem eigenen Kind in die Klinik. Darmverschluß. Nach Anweisungen des Arztes massierte sie den aufgeschwollenen Bauch des Kindes, der dann plötzlich zusammenfiel. Sie habe eine wunderbare Kraft in ihren Händen, sagte der Arzt, und sie hörte das immer wieder auch von anderen Medizinern.

Parapsychologen und später Ärzte drängten sie, ihre Kräfte auszunutzen. Zögernd fing sie an: Erst arbeitete sie zwei Jahre bei Ärzten, um der Krankheit in der Praxis zu begegnen, um zu lernen. Ihre Fähigkeit lag offenbar in der Familie. Man hatte ihr nichts davon erzählt. Aber dann fand sie einmal ein Buch mit handschriftlichen Anmerkungen ihrer Großmutter über Mesmer...

Ich habe die Originalbriefe der Ärzte eingesehen, von denen Ursula Kress ihre Behandlungen überwachen ließ. Ein Berliner Chirurg schrieb ihr beispielsweise: »... und konnte ich mich immer wieder überzeugen, daß sie sehr beachtliche Erfolge bei verschiedensten Krankheiten hatte.« Er bescheinigte ihr auch Umsicht: »Frau Kress ist außerordentlich gewissenhaft und verantwortungsbewußt und leitet Kranke mit einem Leiden, das durch sie nicht geheilt werden kann, einem entprechenden Arzt zur Weiterbehandlung zu...«

Andere Ärzte haben ihrerseits Patienten zur heilmagnetischen Behandlung an Frau Kress überwiesen. Die Überweisungen liegen vor, und Patienten schildern hinterher dankbar den Erfolg. Da ist eine junge Frau, die an Muskelschwäche in Armen und Beinen litt und sich kraftlos dahinschleppte. Frau Kress behandelte sie einige Monate. »Dann fiel meinen Bekannten auf, daß ich besser als vorher laufe... Ich spürte neue Lebensgeister in mir... Sogar meine Büroarbeit bewältigte ich ohne große Anstrengungen... Meine Muskulatur hat sich mit der Zeit gestärkt. Manchmal verspüre ich Lust, mich zu bewegen, schalte mir Musik ein und tanze...«

Von einem anderen Fall weiß ich noch nicht, wie er ausgeht. Ich hatte im Wartezimmer eine Frau, Zahnärztin, angesprochen. Sie wartete zusammen mit ihrem Kind, einem Buben, der zwergenhaft wirkt. Ihr Junge ist der Größe nach ein kleines Kind, aber sein Gesicht, seine kräftige Statur verraten, daß er schon viel älter sein muß. Ein intelligentes Kind, ohne Zweifel. Doch die Ärzte sagen, daß er nicht größer als 1,30 Meter werden wird. Das Wachstum scheint stillzustehen.

Die Zahnärztin wandte sich ohne Hoffnung an Frau Kress: »Ich weiß doch, daß es erblich bedingt ist...« Frau Kress versprach nichts. Aber die Mutter stellt fest, daß das Unglaubliche geschah – der Bub ist um drei bis vier Zentimeter gewachsen. Am auffälligsten für die Mutter: Das Kind hatte vorher unförmig dicke Oberschenkel. Sie sind jetzt sichbar schlanker, normaler geworden.

Was spürt der Junge, wenn Frau Kress die Hände auflegt und kreisen läßt? »Manchmal kribbelt es ein bißchen, wenn sie mich am Kopf berührt, manchmal spüre ich auch an den Gelenken Kribbeln. Ich habe schon das Gefühl, daß mit mir etwas passiert...«, sagt der dreizehnjährige Bernd.

Eines ist auf alle Fälle geschehen, wie in den meisten Fällen zuvor: Hoffnung ist wach geworden. Offenbar spüren alle, die von Frau Kress kommen, neue Kraft.

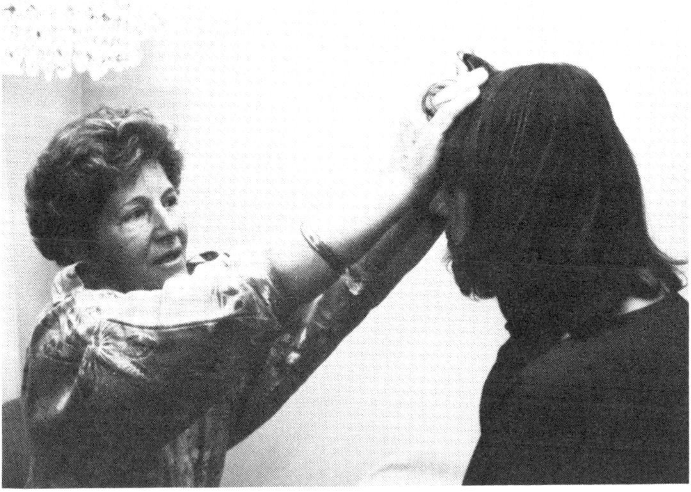

Elisabeth Wenk

»Die Frau ist sehr lieb. Sie hilft mir«, erzählt schwerfällig und nach Worten ringend ein zweiundzwanzigjähriger junger Mann aus dem Raum Stuttgart. Er ist geistig behindert und spricht wenig. Seit 1987 leidet er an epileptischen Anfällen. Das sind Gewitter im Gehirn, die Menschen oft ohne Vorwarnung überfallen. Sie versinken in Ohnmacht, die Glieder verkrampfen, der Kopf schlägt auf den Boden. Medikamente haben dem Mann bisher nicht geholfen; sie beruhigen ihn nur.

Die Anfälle haben sich bisher alle acht oder zehn Tage wiederholt. Doch jetzt werden sie seltener. »Jetzt kommen sie nur noch einmal im Monat.« Er wird ohne Tabletten behandelt. Es sind Hände, die ihm helfen. Hände, die nur über seinen Körper streichen. Hände der Schweizer Heilerin Elisabeth Wenk, die durch einige geradezu hellseherische Diagnosen und Heilungen Aufsehen erregt hat.

»Sie machte gleich einen sehr guten Eindruck auf uns.

Sie hat bestimmt sehr starke Heilkräfte und wußte gleich, was ihm fehlt«, erzählt die Mutter. Das Gespräch findet in Stuttgart statt.

Wie heilt Frau Wenk? Ich komme zum Interview in ihre Praxis in der Schweiz. Doch unversehens werde ich Patientin. »Nehmen Sie dort erstmal auf der Liege Platz. So, und jetzt strecken Sie sich aus.«

Wir sind im Erdgeschoß eines unauffälligen, neugebauten Mehrfamilienhauses in der Uhrenstadt Biel, nahe der französischen Grenze. Sachlich auch die Einrichtung: eine medizinische Liege, ein paar Stühle. Sie streicht mit ihren Händen an meinem Körper vorbei, vom Kopf angefangen, nach unten gleitend. Manchmal bleiben die Hände stehen. Sie stocken. »Was ist bloß mit Ihrem Magen los!« sagt sie plötzlich. Dann bleiben die Hände über dem Unterleib stehen. »Auch da ist was…«

Tatsächlich hatte ich wegen einer Blasenkrankheit sehr viele Medikamente eingenommen. Die Folge waren Magenverstimmungen. Ich kann nur wenig essen und fühle mich nicht gut… Doch langsam steigt so etwas wie Wohlbefinden in mir auf. Ich vergesse meine Beschwerden ganz einfach, wie mir erst später bewußt wird. Ich habe sonst nur Mehlsuppe über die Lippen gebracht. Abends bestelle ich beim Essen, ohne nachzudenken, herzhafte Schweizer Kost. Und die Blasenbeschwerden, die mich vorher quälten, sind auch verschwunden… Was ist geschehen? Woher wußte sie, was mir fehlte?

Was hat geholfen – mir, dem jungen Mann, den anderen Patienten?

»Meine Hände sind wie Röntgengeräte. Ich seh' mit ihnen, was anderen fehlt«, sagt Elisabeth Wenk. Aus ihrem Mund klingen solche Sätze keineswegs übertrieben, angeberisch oder vermessen. Für sie ist das eine sachliche Feststellung. Vertrauenerweckend – das ist das Wort, mit dem die meisten die fünfundsechzigjährige Elisabeth Wenk beschreiben.

Sie will zunächst von ihren Besuchern nichts wissen, nimmt nur einen wortlosen Kontakt zu ihnen auf. Später dürfen sie Fragen stellen, soviel sie wollen. Manchmal sieht sie schon vorher das Leben ihres Patienten wie einen Film vor dem inneren Auge ablaufen, erzählt sie. Das sei ihr schon als Kind selbstverständlich gewesen. Die Familie nahm ihre besondere Gabe jedoch nie ernst. Ihre jüngste Tochter dagegen weiß, daß da irgendeine seltsame Kraft in ihrer Mutter steckt: »Mein Sohn verdankt der Oma das Leben«, erzählt die Tochter, als Frau Wenk nicht dabei ist.

Das Enkelkind hatte einmal unerträgliche Bauchschmerzen gehabt. »Blinddarm! Du mußt sofort zum Arzt«, sagte die Oma beim ersten Blick. Die Mutter zögert. Es war Samstag. Bauchschmerzen – die hatten doch bis Montag Zeit. Die Oma bestand darauf, daß das Kind ins Krankenhaus gebracht wurde. »Es traf in letzter Minute ein und mußte sofort operiert werden, sonst wäre der Blinddarm geplatzt.«

Es sei »intuitiv«, was sie tue, also eine Eingebung, sagt Frau Wenk. »Ich bin nur ein Werkzeug.« Es gibt noch eine andere Erklärung, eine wissenschaftliche Deutung, die allerdings noch umstritten ist. Jeden Menschen umgibt seine Körperstrahlung, die Aura. Deutsche Ärzte zweifeln, aber für ihre russischen Kollegen ist das eine Selbstverständlichkeit, wie gerade der Moskauer Chefarzt Eduard Drosdov bei einem Besuch in der Bundesrepublik versichert. Die Aura kann sogar fotografiert werden. Unregelmäßigkeiten in der Strahlung zeigen Störungen an; Unregelmäßigkeiten in der Aura ließen Frau Wenks Hände über meinem Magen und dem Unterleib stocken. Auch davon ist beispielsweise Drosdov überzeugt: Man kann die eigene Energie auf den anderen übertragen.

Genau das tut Frau Wenk: »Ich spüre es, wenn die heilende Energie von mir auf den Patienten übergeht. Wenn der erste Schub kommt, kommt meistens noch einer dazu... Ich spür' das wie Wellen, die hereinkommen und durch meine Arme fließen und dort, wo ich die Hände habe, in den Patienten überfließen.«

Aber sie spürt ihre Grenzen und schickt die Patienten – auch das Enkelkind – in der Regel weiter zum Arzt, wenn sich die Störungen unter ihren Händen nicht von selbst lösen.

Auch das ist schon immer ganz selbstverständlich für Frau Wenk: Früher massierte sie das Gesicht anderer Frauen, die glaubten, unter ihren Händen würden Falten verschwinden. Allmählich wird nun ein Beruf daraus. Sie nennt sich Lebensberaterin, wirbt aber nicht um Kunden. Wer zu ihr kommt, hat über ihre Fähigkeiten meistens von jemandem erfahren, dem Frau Wenk helfen konnte.

Meine Blasenbeschwerden sind nicht wiedergekehrt. Ich habe eben die Mutter des Epileptikers aus Stuttgart angerufen; und sie sagt: Er hat schon seit fünf Wochen keinen Anfall mehr erlitten.«

Erica Honegger

Es war nicht leicht, Erica Honegger zu einem Interview zu bewegen. In ihrer elegant eingerichteten Wohnung mit französischen Antiquitäten in einem Wohnblock am Rande von Zürich lebt sie sehr zurückgezogen. Und das hat seine Gründe.

Bei der Terminabsprache zögert Erica Honegger immer noch. Dann aber bricht es aus ihr heraus: »Wissen Sie, ich habe den schönsten Beruf der Welt – wenn ich ihn nur wirklich ausführen dürfte. Wenn ich nicht mehr verbergen müßte, daß ich Heilerin bin. Hier in Zürich bin ich Fußreflexzonen-Therapeutin, Atem-Pädagogin und praktische Psychologin.«

In Zürich ist das Geistheilen verboten. Eine Kollegin von Erica Honegger berichtet: »Wir werden verfolgt und von der Ärzteschaft nicht anerkannt.« Das allerdings stimmt bei Erica Honegger nicht ganz, denn zu ihr schikken nicht wenige Ärzte Patienten, wenn sie selbst keinen Rat mehr wissen. Und Erica Honegger heilt.

Sie ist etwas über sechzig – wirkt mütterlich, dabei aber doch energisch. Das Auffallendste an ihr sind die durchdringenden blauen Augen. Man hat das Gefühl, daß sie sofort alles weiß, wenn man ihr gegenübersteht. Es ist eine seltsame Kraft, die von ihr ausgeht und die einen in ihren Bann zieht.

Obwohl sie am liebsten keinerlei Reklame für sich machen möchte, finden die Patienten zu ihr. Da ist eine Frau, die nach einer Brustamputation an Schmerzen im gesamten Brustraum und an einer Lähmung des linken Armes litt. Sie verhielt sich sehr tapfer und nahm auch alle verordneten Medikamente ein. Eine Nachbehandlung durch Bestrahlungen hatte die entsetzliche Wirkung, daß sich bei ihr am Brustbein ein offenes Loch bildete. Die Frau war nahe daran, sich selbst aufzugeben.

Eine Freundin gab ihr dann den Rat, die Heilerin von Zürich aufzusuchen.

Erica Honegger erinnert sich: »Ich wollte erst einmal versuchen, den zweiten Arm der Patientin zu behandeln, der auch angefangen hatte, sich zu verändern und zu schmerzen. Dabei traf ich auf eine Narbe, die von einer früheren Verletzung stammte. Ich habe in diesem Augenblick so etwas wie einen Stromschlag empfunden, und von da an begann der Prozeß der Heilung. Inzwischen kann die Frau den zweiten Arm wieder voll bewegen, und das Loch an der Brust ist fast ausgeheilt.«

Mit sechs Jahren erlebte Erica Honegger bereits unbewußt, daß sie die besondere Kraft des Heilens besitzt. Sie erzählt:

»Meine Mutter hatte Ischias und bekam ständig Spritzen vom Arzt, die aber nicht halfen. Eines Tages bat sie mich, ihr eine Stelle am Körper einzureiben. Ich hatte die Salbe gar nicht an den Fingern, sondern versuchte erst einmal über die schmerzende Stelle zu streichen. Meine Mutter sah mich völlig erstaunt und vielleicht sogar erschrocken an, denn als ich die Hände über sie hielt, waren die Schmerzen spurlos verschwunden.«

Das war in einem kleinen Ort in der Nähe von Paris. Schon bald hatte sich dort die wundersame Kraft des kleinen Mädchens herumgesprochen, und man sagte: »Wie schön wäre es, wenn in jedem Ort ein solcher heilender Mensch leben würde.«

Heute sagt Erica Honegger: »Ich heile mit der Odkraft. Es ist eine Kraft, die außerhalb von mir ist, aber durch mich hindurchfließt und den Körper des Patienten umgibt. Ich nehme es beinahe visuell wahr, wo die Schmerzen sitzen.«

Das eigentlich Unerklärliche bei Frau Honegger ist, daß sie die Schmerzen des Patienten nicht nur selbst spürt, sondern in sich aufsaugt. Anders kann man es nicht bezeichnen. »Ich bekomme dann Zuckungen oder Flecken, doch das Seltsame ist: Wenn ich dem Patienten den Schmerzpunkt nenne, ist er in diesem Moment sowohl bei ihm als auch bei mir verschwunden.«

Ein Beispiel: Ein Patient kam zu Erica Honegger, und sie fragte sofort: »Haben Sie Zahnschmerzen? Ich spüre es.« Der Mann, der sie aus einem ganz anderen Grund aufgesucht hatte, bestätigte, daß ihn das Zahnweh schon den ganzen Tag über geplagt hatte. »In dem Augenblick, da ich es dem Patienten sagte, verschwand sein Zahnweh sofort. Auch ich spürte nichts mehr.«

Das sind natürlich Augenblickserfolge. Aber Erica Honegger kommt es viel mehr darauf an, den Menschen wieder zu seinem eigenen Ich zu führen. »Es gibt nichts Schöneres für mich, als zu fühlen, wie ich bei Menschen verschüttete Wünsche und Talente aufspüre, die dann verwirklicht werden und zu der eigentlichen Heilung der Seele und damit des Körpers führen.«

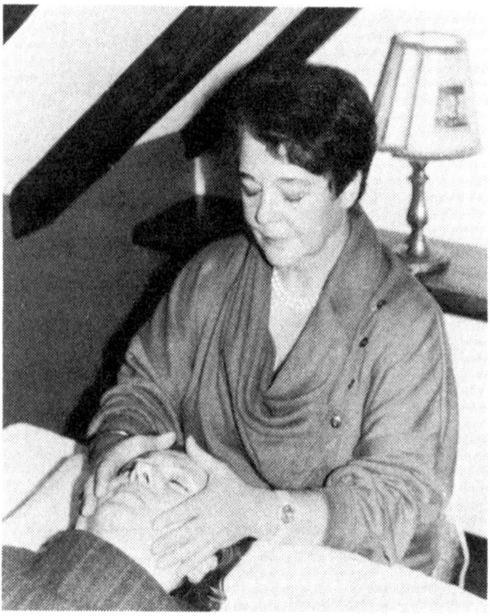

Erica Blöchlinger

Ich treffe Erica Blöchlinger in ihrer Villa im Chalet-Stil an einer ruhigen Seitenstraße eines Berner Quartiers. In dem weiten Vorgarten blühen Rosen. An der Vorderfront des Hauses ist zu lesen: »Ich hebe meine Augen auf zu den Bergen, von welchen mir Hilfe kommt.« Tatsächlich blickt man von ihrem Haus auf so berühmte Berge wie Eiger, Mönch oder Jungfrau. Erica Blöchlinger ist Ende Fünfzig, hat dunkle Haare und braune Augen und verhält sich mir gegenüber zunächst reserviert. »Wissen Sie, ich mag eigentlich gar keine Reklame«, sagt sie.

Erica Blöchlinger ist in Ostafrika geboren und praktisch im Dschungel aufgewachsen. Ihre Eltern hatten dort mehrere Kaffeeplantagen, die sie dann aber, als das Land unabhängig wurde, aufgeben mußten. Frau Blöchlinger, auf deren Visitenkarten »Entspannungskurse, Selbsterfahrungsgruppen, Meditation, Esoterik« steht, war schon als Kind zutiefst religiös. Nach dem Besuch einer Klosterschule wollte sie Nonne werden. – Sie lebte in London, als sie zum ersten Mal ihre besondere Begabung bemerkte.

»Ich war etwa zweiundzwanzig Jahre alt, da spürte ich, wie aus meinen Handflächen Blitze kamen. Man konnte sie sogar sehen. Das war wie eine Strahlung. Es wiederholte sich dann regelmäßig. Ich konnte mich auf der Straße mit jemandem unterhalten oder einen Spaziergang im Wald machen: Plötzlich waren die Blitze wieder da.

Ich habe das aber keineswegs als eine Heilkraft angesehen. Mir war vielmehr bewußt, daß der menschliche Körper über verschiedene Energiezentren verfügt, und so sah ich diese Blitze als etwas Natürliches an. Es kam noch etwas anderes hinzu: Wenn jemand zum Beispiel über Kopfschmerzen klagte, verspürte ich den Drang, ihm meine Hände aufzulegen. Die Kopfschmerzen waren dann auf der Stelle verschwunden.«

Sie sagt, daß sie als Heilerin keine eigentliche Methode außer der des Handauflegens habe. Sie geht ganz intuitiv auf die Bedürfnisse jedes einzelnen Patienten ein, wobei sie von innen geführt wird. »Diese Kraft kommt ja nicht von mir.« Sie sieht sich als Werkzeug und Mittlerin. Die Hilfesuchenden, die sich von Frau Erica Blöchlinger behandeln lassen, haben oft eine Art Lichtvision. Sie empfinden einen Energiefluß, der sie wie ein Lichtstrahl trifft, fast wie ein Laserstrahl. Sie spüren eine sie umgebende Wärme und fühlen sich dann frei und wohl.

So erging es auch einer Hausfrau aus Bern, Mutter von drei Kindern. Die etwa Dreißigjährige hatte Unterleibskrebs. »Sie fürchtete sich vor einer Operation und suchte bei mir Trost. Dabei stellte sich heraus, daß die Frau in ständiger Angst lebte. Sie hatte praktisch vor allen Dingen des Lebens Angst. Wenn die Kinder zur Schule gingen, befürchtete sie, daß sie überfahren werden könnten. Wenn ihr Mann ins Büro ging, konnte sie geradezu in Panik geraten, weil sie meinte, es würde etwas Unvorhersehbares geschehen. In ihrem Verwandtenkreis gab es ein behindertes Kind. Als die Hausfrau meinte, schwanger zu sein, konnte sie nur an dieses behinderte Mädchen denken und daran, daß vielleicht auch sie ein krankes Kind zur Welt bringen würde. Anstelle der Schwangerschaft stellten dann jedoch die Ärzte Unterleibskrebs fest. Ich legte der Frau die Hände auf, und sie spürte, wie diese Energie durch ihren ganzen Körper strömte. Dann sagte ich ihr, sie solle jedesmal in ihrem Notizbuch einen Strich machen, wenn sie wieder Angstgefühle hätte. Sie sollte dann zählen, wie viele Striche an einem Tag zusammenkämen. Nach einer Woche rief sie mich an und erzählte, daß sie nicht einen einzigen Strich machen mußte. Die Frau war wenig später vom Krebs geheilt.«

In einem anderen Fall suchte eine Frau, die seit zwanzig Jahren tablettensüchtig war, Erica Blöchlinger auf. Die Patientin hatte mit der Zeit verschiedene und immer stärkere Schlafmittel genommen. Ihre Versuche, von dieser Sucht freizukommen, waren alle gescheitert.

»Als ich sie behandelte, hatte sie wieder diesen starken Drang, sich von der Tablettenabhängigkeit zu lösen. Nach drei oder vier Sitzungen hatte sie es dann geschafft. Heute rührt sie keine Tablette mehr an. Ich habe das zum Teil durch Handauflegen bewirkt, zum anderen aber auch durch klärende Gespräche, bei denen ich mit der Frau die Gründe ihrer Sucht aufdeckte.«

Erica Blöchlinger, die in Bern ein Meditationszentrum leitet – »Ich lehre meditatives Entspannen und auch Psychohygiene« – meint zu ihren Erfolgen: »Eine direkte Wirkung auf den Patienten kann nur stattfinden, wenn ich mich bei der Behandlung ganz durchlässig mache für diese heilenden Kräfte. Je weniger mein Ich dabei ist, um so reiner kommt diese Energie durch.«

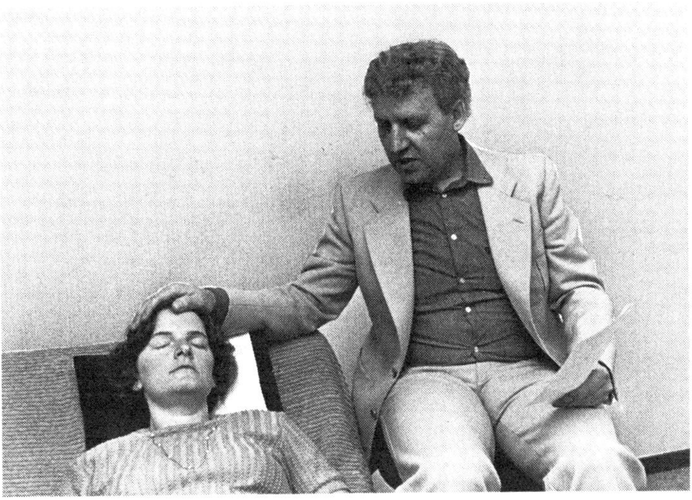

Karl Emmenegger

Es ist gegen Mittag auf dem Hof einer Volksschule in Luzern. Mehrere Jungen wollen gerade einen Wettlauf starten. Nur einer der Klassenkameraden bleibt abseits stehen; er ist der Schwächste unter ihnen. Der achtjährige Karl Emmenegger nimmt den Jungen zur Seite und fragt ihn: »Warum machst du nicht mit?« Der andere schüttelt den Kopf und blickt zu Boden: »Ich schaffe es ja doch nicht. Ich bin immer der letzte, und dann lachen mich alle aus.«

Karl weiß in diesem Augenblick selbst nicht, warum er das tut, aber er legt seinem Klassenkameraden seine Hände auf den Kopf und sagt leise zu ihm: »Mach mit, du wirst sehen, du schaffst es.« Der Junge sieht ihn verwundert an, nickt und nimmt dann an dem Wettlauf teil. Kurz vor dem Ziel überholt er alle und gewinnt. Er jubelt und sagt zu Karl: »Du kannst ja zaubern, du hast mir ja deine Kräfte gegeben.«

Das war die erste Begegnung von Karl Emmenegger mit jener rätselhaften Kraft, die in ihm steckt. Heute ist er sechsundfünfzig Jahre alt und einer der bekanntesten Geistheiler der Schweiz. Er selbst nennt sich lieber magisch-medialer Volkspsychologe.

Seine geräumige, von leiser Musik erfüllte Praxis im luzernischen Littau besuchen Menschen aus aller Welt. An einer Wand hängt ein Hinweisschild: »Ich bin ehrlich bestrebt, Ihnen nach bestem Wissen und Können zu helfen. Leider kann und darf ich keine Erfolgsgarantie geben, denn über Erfolg oder Mißerfolg entscheidet nur Gott. Ich halte auch niemanden vom Gang zum Arzt ab, da es ja mein Bestreben ist, mit dem Arzt Hand in Hand zu arbeiten. Rezepte darf und werde ich keine verschreiben. Meine schönste Belohnung ist, wenn es mir gelingt, Ihnen zu helfen. Im demütigen und einfachen Glauben liegt die ganze Kraft. Gott möge mir dabei helfen.«

Das ist auch schon das ganze Geheimnis, auf das Karl Emmenegger seine Erfolge zurückführt. Seine Erfolgsrate liegt nach eigenen Worten bei siebzig bis fünfundsiebzig Prozent; nur bei Krebskranken wird er mit Zahlen vorsichtig: »Ein schöner Erfolg kann schon sein, wenn der Patient noch lebt, obwohl er vom Arzt bereits totgesagt wurde.«

Der Volkspsychologe, der auch Bücher geschrieben hat (*Seelen in der Zerreißprobe* und *Oasen der Seele*), wirkt auf den ersten Blick eher unscheinbar. Er hat keinerlei magische Ausstrahlung, nichts läßt in ihm Außergewöhnliches vermuten. Dann geschieht es doch – das, was viele seiner ehemaligen Patienten einfach ein Wunder nennen.

Die Behandlung dauert im Durchschnitt zwanzig bis dreißig Minuten und kostet ungefähr sechzig Franken. Der Heiler: »Zuerst muß sich der Patient entspannen. Die durch Entspannung erreichte Aufnahmefähigkeit ist mit einem Kaffeesieb vergleichbar, das nun nicht mehr verstopft ist.«

Seine Hilfsmittel bei der Behandlung eines Patienten sind Vertrauen durch das Gespräch, Suggestion, Hypnose, Traumdeutung und vor allem: die Kraftschöpfung aus der einzig wahren Quelle, aus der Kraft von Gott. »Welches Hilfsmittel ich bei welchem Patienten anwende, richtet sich ganz nach der Ursache des Leidens. Auf jeden Fall aber steht immer diese wahre Quelle im Mittelpunkt.«

Besonders wichtig ist für den Schweizer Volkspsychologen der Astralkörper. »Einen Astralkörper besitzt jeder Mensch. Im Zustand vollkommen gedanklichen Abschaltens – das ist eine wesentliche Voraussetzung – kann sich der Astralkörper, der für das physische Auge unsichtbar ist, vom eigentlichen Körper lösen. Mit meinem Astralarm operiere ich dann Patienten auf freigeistiger Basis. Ich versetzte mich geistig in ein krankes Organ, an einen Krankheitsherd.« Das Verblüffende daran ist, daß Ärzte die Wirksamkeit dieser »Operationen« bestätigen mußten. Übrigens legt Emmenegger bei der Behandlung dem Patienten eine Hand auf die Stirn: »Das müßte ich eigentlich nicht, doch die Patienten haben das immer wieder gewünscht. Der direkte Kontakt, so glauben sie, gibt mehr Kraft.«

Die Erfolge des Schweizer Geistheilers aus Littau sind mittlerweile schon zur Legende geworden. Da ist etwa eine einundfünfzigjährige Frau aus Zürich, die an inneren Geschwüren leidet und bereits so geschwächt ist, daß sie auch mit fremder Hilfe nicht mehr gehen kann. Der Geistheiler reicht der Patientin die Hand. Sie ist vollkommen verkrampft, die Beine sind fest übereinander gepreßt, ihre Hände liegen auf dem Bauch. Emmenegger fordert sie auf, die Augen zu schließen und spricht dann leise mit ihr. Auf einmal stöhnt die Frau: »Ich fühle mich so wunderbar leicht und frei. Zum ersten Mal seit Jahren.«

Sie fühlt die eigenartige Ausstrahlung des Volkspsychologen: Ihr Kopf wird angenehm warm; es ist ihr, als würden Tausende von Strahlen in sie eindringen. Einen Monat später wird die Patientin in einer Klinik nachuntersucht. Dabei stellen die Ärzte fest: Die Geschwüre sind zurückgegangen, das gesunde Gewebe vermehrt sich, der Allgemeinzustand ist überaus zufriedenstellend.

Eine Hausfrau aus Bern litt über sieben Jahre lang unter Schmerzen an der Wirbelsäule. Bei der Zangengeburt ihres Kindes hatte sie eine Verletzung am Steißbein erlitten; es war angebrochen. Die Ärzte meinten, die Verletzung sei inoperabel. Im Laufe der Zeit kamen zu diesen Schmerzen Lähmungserscheinungen und Depressionen hinzu. Als die Frau Karl Emmenegger gegenübersitzt, vernimmt sie nach einer Weile seine Stimme nur noch wie durch eine Wattewand. Plötzlich schießt eine Hitzewelle durch ihren Körper, von den Fußspitzen bis zum Kopf. Es ist wie ein Stromstoß. Dann – es sind keine zwei Minuten vergangen – jubelt die Frau auf: »Die Schmerzen sind weg!« Von diesem Tag an hatte die Frau keinen einzigen Rückfall mehr.

Zur gleichen Zeit ereignete sich noch weiteres: Als sich die Berner Hausfrau in die Behandlung des Geistheilers begab, lag ihre kleine Tochter mit einer schweren Darminfektion auf Leben und Tod im Krankenhaus. Die Frau sagt heute: »Als die Schmerzen von mir abgefallen waren, ging es auch meiner Tochter besser. Herr Emmeregger hatte mir gesagt, daß ich mir um meine Sonja keine Sorgen zu machen brauche, er wolle sich sofort geistig auf die Kleine einstellen. So war es auch wirklich: Sonja erholte sich zusehends; nach drei Wochen konnte ich sie mit nach Hause nehmen. Heute ist Sonja das wildeste meiner drei Kinder...«

Da ist eine schwerkranke sechsunddreißigjährige Frau, die unter einem schlimmen Ausschlag im Gesicht litt. Es waren ihr bereits alle Zähne gezogen worden, und zweimal waren ihr infolge medikamentöser Behandlung die Haare ausgegangen. Regelmäßig hatte sie furchtbare Unterleibskrämpfe, und auf einem Auge hatte sie nur noch fünfundzwanzig Prozent Sehkraft. Über ihren Besuch bei dem Schweizer Geistheiler berichtet sie:

»Ich hatte eigentlich nicht die geringste Hoffnung, daß er mir helfen könne; ich ging eigentlich nur zu ihm, weil mich eine Freundin überredet hatte. Als mich Herr Emmenegger bat, mich zu entspannen, gelang es mir nicht. Ich konnte nicht einmal die Augen richtig schließen, so verkrampft war ich. Aber dann, nach ein paar Minuten wurde ich auf einmal wunderbar ruhig, ich konnte mich plötzlich total loslassen. Ich spürte ein Wärmegefühl, das sich über meinen ganzen Körper ausbreitete. Mir wurde ganz leicht ums Herz.«

Die Frau ging noch fünfmal zu dem Volkspsychologen. Die Behandlung bestand eigentlich nur darin, daß Karl Emmenegger die Patientin aufforderte, sich völlig zu entspannen. Dabei konzentrierte er sich darauf, Energie auf die Kranke überströmen zu lassen.

Mit jedem Besuch ging es der Frau besser. »Die Unterleibsschmerzen waren bald völlig abgeklungen, auch der entstellende Ausschlag verschwand mehr und mehr, und sogar meine Sehkraft habe ich fast völlig wiedererlangt. Die Ärzte bescheinigten mir eine Sehfähigkeit von achtzig Prozent. Das alles ist für mich wie ein Wunder.«

Da ist auch noch der Fall einer Schweizer Sportlerin. Die junge Frau betrieb aktiv Tennis, Eiskunstlauf, Ballett und Skiakrobatik. Als sie mit dem Hochleistungssport aufhörte und Sport für sie ein Hobby war, widmete sie sich ganz ihrem medizinischen Hilfsberuf. Allmählich bemerkte sie eine beunruhigende Veränderung an sich selbst: Knieschmerzen setzten ein, die bald eine ärztliche Untersuchung erforderten. Trotz Salben und Spritzen wurden die Schmerzen nicht weniger. Ein Knie wurde operiert, ohne Erfolg – die Schmerzen wurden immer heftiger. Auch eine zweite Operation brachte nicht den erhofften Erfolg. Die Frau bekam dann regelmäßig schmerzlindernde Spritzen. In einem Heilbad eröffnete ihr ein Mediziner, daß wohl nichts anderes übrigbleibe, als mit Hilfe künstlicher Gelenke die ständigen Schmerzen auszuschalten. Ein anderer Arzt meinte gar, nur eine Amputation beider Beine bis oberhalb des Knies könne ihr noch helfen.

Geschockt entschließt sich die Frau zu einem Besuch bei dem Geistheiler Emmenegger. Sie erzählt:

»An diesem Tag hatte ich wieder heftige Knieschmerzen. Bei Herrn Emmenegger legte ich mich auf die Couch, erzählte ihm meine Krankheitsgeschichte. Unter seiner Anleitung entspannte ich mich. Körper und Beine wurden schwer, zeitweise ganz heiß. Ich hielt die Augen geschlossen; schon lange hatte ich mich nicht mehr so wohl, so zufrieden gefühlt. Herr Emmenegger erklärte mir, er sammle Kräfte und lasse sie in meinen Körper strömen. Dann sagte er, daß sich die Verkrampfung in mir lösen und die Schmerzen für immer verschwinden würden. Schließlich zählte er bis drei, und ich fühlte mich ganz frisch, stand auf. Diese Minuten werde ich nie mehr vergessen: von den Schmerzen keine Spur mehr. Ich kann es immer noch nicht richtig glauben...«

Alle Patienten bestätigen, daß Karl Emmenegger außergewöhnlich beruhigend wirkt. Man habe sofort das Gefühl, daß dieser Mann wirklich die Fähigkeit zum Heilen besitzt. Doch eines würde er selbst nie wagen: Prognosen zu stellen, denn: »Jeder Mensch kann sich irren.«

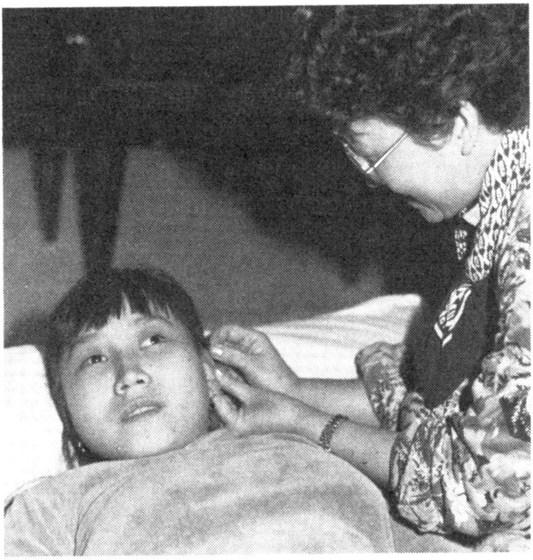

Jao-Lin Wang-San

Ein Stück Ferner Osten mitten in Zürich. Im Erdgeschoß eines Häuserblocks in der Innenstadt duftet es leicht nach chinesischen Gewürzen; überall Plakate aus dem Reich der Mitte. Hier wohnt Jao-Lin Wang-San. Vor sechzehn Jahren verließ sie mit ihrem Mann ihre Heimat. Was sie in die Schweiz mitbrachte, ist die Kunst des Heilens mit Akupunktur – das Heilen mit Nadeln, die an ganz bestimmte Körperteile gesetzt werden –, angewandt, und darauf legt sie besonderen Wert, im Rahmen einer Ganzkörperbehandlung.

Die graziöse Frau sagt: »Ich bin eigentlich mit der Akupunktur groß geworden. Schon als Kinder haben wir uns mit den Scherben von Tonschüsseln, wenn man so will, behandelt. Das war nicht ganz ungefährlich, aber es hat niemandem von uns geschadet; ganz im Gegenteil. Ich habe mich dann als Krankenschwester ausbilden lassen und nach der Revolution von 1949 zahlreiche Fortbildungskurse besucht. Später konnte ich als Ärztin arbeiten und mehrere Praxen betreuen.«

Heute beherrscht Jao-Lin Wang-San die Akupunktur perfekt. »Aber man muß dafür auch eine besondere Begabung haben, denn es gehört sehr viel Gefühl dazu, die verschiedenen Nadeln richtig anzusetzen. Um die Wirkung der Nadeln noch zu vertiefen, bringe ich an diesen manchmal kleine Hütchen mit Kräutern an. Diese Kräuter werden dann bei der Behandlung in den Hütchen erhitzt. Dabei kommt es genau darauf an, wie lange ich eine Nadel am Körperpunkt lasse. Das alles hört sich sehr einfach an, aber da ist noch mehr. Es entstehen Ströme, der Elektrizität vergleichbar, die von außen her auf die Nadel übertragen werden und dann auf den Patienten einwirken. Das kann man einfach nicht erklären.«

Jao-Lin Wang-San sagt, daß die Behandlungsmethode durch diesen Energiestrom zwar bei vielen Krankheiten hilft, aber nicht bei allen. Helfen kann Jao-Lin Wang-San aber bei den meisten Hauterkrankungen. Bei Gürtelrose hat sie sogar zu hundert Prozent Erfolg. »Es kommen meist Patienten zu mir, die schon alle anderen therapeutischen Möglichkeiten vergebens ausgeschöpft hatten. Es sind Menschen, die von der Schulmedizin her als unheilbar angesehen werden«, sagt Jao-Lin Wang-San.

Das war der Fall bei einer Frau, die an Multipler Sklerose erkrankt war. Bei der Therapie und zum Verlauf der Krankheit hielt der damals behandelnde Arzt fest: »Es ist bei der Patientin der zweite schwere Schub einer Multiplen Sklerose, die im August 1971 begann.« Weiter war zu lesen, daß trotz verschiedener Behandlungsmethoden keine eindeutigen Tendenzen zur Rückbildung des Krankheitsbildes festgestellt werden konnten. Die Prognose müsse als ernst bezeichnet werden.

Am Ende aller nur denkbaren Behandlungen konnte sich die Frau allein nicht mehr fortbewegen. Zum Gehen brauchte sie zwei Hilfspersonen. »In diesem Zustand kam die Patientin zu mir. Nach sechzehn Behandlungen mit der Akupunktur, wobei auch diese Strömungen auftraten, konnte sie wieder aufstehen und einen Schritt gehen. Nach achtundfünfzig Behandlungen war die Frau so weit, daß sie sich zu Hause frei bewegen konnte und sich ohne fremde Hilfe auf die Straße traute«, sagt Jao-Lin Wang-San.

Aus ihrer Praxis kann die Chinesin geradezu verblüffende Erfolge nennen. Sie erzählt: »Ein Patient, der zu mir kam, litt unter einer so heftigen Angina pectoris, daß er nicht einmal mehr zehn Meter weit laufen konnte, ohne eine Pause einlegen zu müssen. Es blieb ihm einfach der Atem weg. Nach nur fünf Behandlungen konnte er nicht nur wieder spazierengehen, sondern sogar bergsteigen. Ein anderer Patient, der eine starke Migräne hatte, konnte bei den Anfällen kein Licht ertragen. Er mußte sich übergeben und dann sofort in ein abgedunkeltes Zimmer legen. Nach nur drei Behandlungen war die Krankheit verschwunden.«

Jao-Lin Wang-San kann eine Vielzahl von erfolgreichen Behandlungen nennen. Hier sei nur noch erwähnt, daß sie auch Menschen mit Übergewicht zum radikalen Abspekken bringt. So konnte ein Mann sein Gewicht von 125 Kilo nach zehn Behandlungen auf 90 Kilo reduzieren. Rauchen, Heuschnupfen und Schlaflosigkeit gehören zu dem Behandlungsfeld, auf dem sie erstaunliche Erfolge verzeichnen kann.

Als ich sie besuchte, wartete im Hintergrund die schwerbehinderte Tochter der Heilerin. Das Mädchen hatte starke Schmerzen und wurde in meiner Anwesenheit mit Akupunktur behandelt. Nach wenigen Minuten waren die Schmerzen verschwunden.

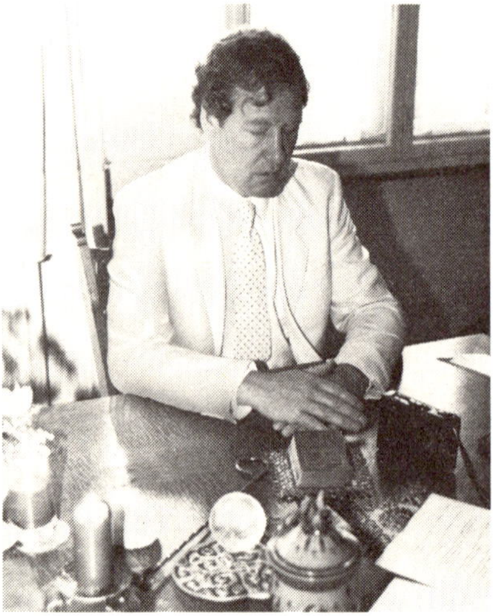

Jakob Schären

Uns alle überlief eine Gänsehaut. Vor uns lag ein Junge auf einer Couch, der erst weinte und dann lachte und lachte, buchstäblich geschüttelt wurde vom Lachen. Niemand hatte ihn berührt. Hinterher sagte der Bub klar und deutlich: »Ich hatte so ein Kribbeln im Hals.« Er sagte noch mehr – für die Mutter war das wie Zauberei. Der Bub ist Stotterer; vorher hatte er keinen Satz verständlich herausgebracht. Das Kribbeln im Hals war offenbar der Erfolg der Behandlung durch den Geistheiler Jakob Schären.

»Ich bin Bauer; von meiner Berufung her bin ich Heiler; mein früher erlernter Beruf ist Kaufmann«, sagt Schären bedächtig über sich selbst. Tatsächlich bewirtschaftet er noch nebenbei seinen Bauernhof, mit dreiundvierzig Tieren im Stall. Ein Hotel betreibt er auch. Von diesem Mann sollen magische Kräfte ausgehen, sagen Menschen, die er behandelt hat.

Schon der Weg zu ihm hinauf nach Haltenegg bei Heiligenschwendi oberhalb des Thuner Sees ist erholsam. Kuhglocken. Sonst Stille. Nebel hängt über dem See, eine Luft wie Seide – wer zu Schären kommt, atmet automatisch tief durch.

Er hat sich im Hotel Behandlungsräume eingerichtet; sie sind im Tiefparterre, doch auch von dort blickt man hinab auf den See. Die Räume sind sparsam möbliert, überall Bücher und Bilder – meist Geschenke von Patienten. Vor ihm auf dem Tisch ein Glas Wasser, ein Steinkasten mit Erde, eine Glaskugel. Die Erde stammt aus Indien, wo er ein Patenkind hat. Die Kugel kommt aus Schweden, wo sein Ururgroßvater geboren wurde. Persönliche Dinge, keine Hilfsmittel zum »Zaubern«.

Der neununddreißigjährige Heiler, der all die aufgezählten Berufe und noch einige mehr ausgeübt hat, wird von vielen verehrt wie ein Guru. Jetzt, beim Gespräch mit den Besuchern, trägt er einen weißen Anzug, weiße Schuhe, eine gelbe Krawatte; er sitzt einige Schritte von den Gästen entfernt. Kein Zufall. Er hält Distanz. Auch beim Heilen. »Grundsätzlich berühre ich keinen Menschen. Ich sitze hier, einige Meter von dem entfernt, der behandelt werden will. Ich habe auch keine Patienten. Die gehören zum Arzt. Ich verrichte keine ärztliche Behandlung.« Was tut er dann?

»Ich biete Heilung«, sagt er ganz selbstverständlich. Aber wie? »Damit der Besucher Gelegenheit hat, sich auszudrücken, auszusprechen, frage ich ihn nach seinem Leiden. Es ist nur eine Selbstbefriedigung, wenn einer zeigen kann, daß er krank ist.«

Schären heilt nicht bestimmte Krankheitssymptome – seine Kraft wirkt gegen jenen Zustand, den man Krankheit nennt. Das meint er, wenn er sagt: »Es gibt nur eine Gesundheit – ebenso gibt es nur einen Zustand: Krankheit. Aber der drückt sich in tausend Formen aus.«

Ich sah ihm zu: Nach dem Stotterer hat ein anderer Bub,

ein geistig behindertes Kind, auf der Couch Platz genommen. Früher war er in einem Heim, konnte sich kaum bewegen, kaum sprechen. Die Ärzte befürchteten, daß es immer so bleiben werde. Einige Behandlungen hat er bereits hinter sich.

»Sehen Sie selbst«, sagt die Mutter. »Er kann gehen – er ist nicht mehr ans Bett gefesselt. Er kann Wünsche, einfache Gedanken äußern.« Für die Eltern ein gewaltiger Fortschritt. Gewiß, er ist behindert – aber er ist kein Pflegefall fürs Heim. Schären hat nichts getan. »Ich sitze nur hier, ohne zu reden. Dann beginnt es automatisch…«

Es? Was kann das sein?

»Die Leute spüren, wie die Heilkraft bei ihnen eintritt, wie sie durch sie hindurchströmt.«

Das also ist das Kribbeln, das der erste Bub in der Kehle spürte. Andere berichten von einem »kurzen Zerren«, einem »kurzen Brennen« oder einem »kurzen Schmerz«. Dann löst sich – sichtlich für den Zuschauer – jede Spannung im Körper, und die Kranken liegen eine Weile ganz gelöst auf der Couch.

Viele hat Schären gar nicht erst nach ihrer Krankheit gefragt. Eine seiner Klientinnen ist bereit zu beschwören, daß Schären plötzlich von dem Weisheitszahn sprach, der ausgewachsen in ihrem Kiefer stecke, aber nicht durchgebrochen sei. Sie hatte nichts davon erwähnt. Nicht deswegen war sie zu Schären gekommen, sondern weil sie schwer hörte. Aber nein, er sprach von ihrer Blase, ihren Nieren, ihrem Halswirbel, die überlastet seien. Und wie wurde sie behandelt?

»Was Herr Schären tat, weiß ich nicht. Aber plötzlich spürte ich wohltuende Wärme in den Händen, im Bauch und im Kopf.« Den Halswirbel, den Zahn ließ sie von Fachleuten behandeln – aber gleichzeitig hörte sie plötzlich wieder besser. Auch bei der letzten Behandlung hat Schären sie nicht berührt: »Doch plötzlich wurde mein Kopf wie durch Elektrizitätseinwirkung hin- und hergeschüttelt; und wiederum spürte ich Wärme an verschiedenen Körperstellen.«

Das Wichtigste aber für sie: »Heute kann ich wieder telefonieren, was mir jahrelang versagt blieb.«

Wie wurde Schären zum Heiler? Einmal besuchte er eine Veranstaltung eines englischen Mediums. Sie kannten sich nicht. Aber der Mann ging auf ihn im Publikum zu und sagte: »He is a good healer.« (Er ist ein guter Heiler.) Schärens erster Erfolg geschah daheim. Sein Vater war von einer Zecke gebissen worden. Die Folge: eine Lähmung. Der Oberarzt des Krankenhauses sagte, er werde sterben. Da versuchte Schären, dem Vater seine Kräfte zu übertragen. »Das war der Beginn. Mein Vater lebt noch heute. Er ist dreiundachtzig – damals war er sechsundsechzig Jahre alt.« Der Vater blieb trotzdem lange Zeit mißtrauisch. Erst als ihm Ärzte sagten: »Nicht wir, sondern Ihr Sohn hat Sie geheilt«, glaubte er auch an solche Kräfte.

Schärens Freundin ist Herzchirurgin. Sind die beiden Berufe vereinbar – Ärztin und Heiler? »Ich sag immer zu meiner Freundin: ›Du arbeitest im Groben und ich im Feinsten‹«, erzählt er. Das Feinste – das sind für ihn die Kräfte, die so einfache Dinge bewirken wie Kribbeln, Zukken, einen kurzen Schmerz – und die für die Betroffenen doch Wunder sind.

Evelyne Feigenwinter

Die Ärzte in einem Basler Spital taten ihr Bestes, aber das Baby, das als Frühgeburt im siebten Monat zur Welt gekommen war und jetzt in einem Brutkasten an einem Atemgerät angeschlossen lag, schien keine Überlebenschance zu haben. Der Zustand war trotz aller Bemühungen unverändert kritisch. Als auch noch eine Lungenentzündung hinzukam, wurde die Lage praktisch hoffnungslos.

Die junge Mutter wollte aber nicht aufgeben. Sie erkundigte sich nach Spezialkliniken, doch an wen sie sich auch wandte, man bedauerte. Inzwischen drängte die Zeit. Da entschloß sich die Frau, den »Schweizerischen Verband zur Förderung natürlicher Heilverfahren« in Bern anzurufen. Hier wußte man Rat und nannte der jungen Mutter Name und Adresse der sechzigjährigen Evelyne Feigenwinter, einer Heilerin, die in einer Kleinstadt im Tessin lebt.

Evelyne Feigenwinter erinnert sich: »Der Verband wandte sich sofort an mich, teilte mir den sehr ernsten Fall mit und fragte, ob ich hier helfend eingreifen könne. Die Frau hatte auf Anraten des Verbandes bereits ein Foto von dem Baby im Brutkasten gemacht, das sie mir nun per Expreß sofort zukommen ließ. Das Bild zeigte das winzige Wesen mit den vielen Schläuchen, die an dem Körperchen angebracht waren. Ich habe mich dann jeden Tag zehn Minuten lang auf das Kind konzentriert. Ich spürte sofort, daß das Baby innerlich sehr viel Kraft katte. Ich war überzeugt davon, daß es am Leben bleiben würde. Es ist am Leben geblieben. Nach zweieinhalb Monaten konnte die junge Mutter ihr Kind mit nach Hause nehmen.«

Einer der typischen Fälle, bei denen die zierliche Heilerin aus der Ferne helfen konnte.

»Bei der Fernbehandlung brauche ich von dem Patienten lediglich ein Foto neueren Datums, den Namen und eine kurze Beschreibung der Krankheit. Ich halte dann die linke Hand über die Aufnahme, die rechte Hand lege ich auf den Brief des Patienten. Es dauert nicht lange und es tauchen vor meinen inneren Augen Bilder auf. Ich meditiere. Es kann auch passieren, daß ich dabei in Trance falle. Ich spüre, wie eine starke Heilkraft in mir frei wird, die durch mich auf den Patienten überströmt.«

Genauso war es auch bei einer fünfundzwanzigjährigen Frau aus der Schweiz, die seit ihrer Kindheit unter einem Ausschlag an beiden Händen litt. Die Frau hatte alle möglichen Ärzte aufgesucht und die verschiedensten Medikamente verschrieben bekommen. Doch keine dieser Therapien half.

Da entschloß sich die Mutter der Frau, sich an Evelyne Feigenwinter zu wenden. »Auch in diesem Fall bat ich die Frau, mir ein Foto ihrer Tochter zu schicken. Ich sagte ihr außerdem, daß sie nichts von dem Anruf bei mir erzählen solle. Dann begann ich mit der Fernbehandlung des Mädchens, wobei ich mich jeden Tag für einige Minuten auf diesen Fall konzentrierte. In zwei Monaten war das Ekzem völlig verschwunden; es ist auch nicht mehr wiedergekommen. Erst nach der Heilung sagte die Mutter der verblüfften Tochter, wer ihr geholfen hatte.«

Evelyne Feigenwinter hatte sich schon seit langer Zeit mit Parapsychologie und Esoterik beschäftigt und war entsprechenden Vereinen in Basel und Zürich beigetreten. Vor neun Jahren wurde sie dann von einem Medium, einer Engländerin, bei einer Privatsitzung in Arosa auf ihre Heilkräfte aufmerksam gemacht. »Ich wollte nicht so recht daran glauben, ließ mich dann aber doch überreden und besuchte Seminare, vor allem bei englischen Heilern. Dabei wurde meine mediale Kraft ganz systematisch entwickelt.«

Vor acht Jahren hatte Evelyne Feigenwinter dann ihr erstes Heilerlebnis; das war gleich eine Spontanheilung. Sie erzählt:

»Ich war in den Ferien nach Italien gereist. Am Strand unterhielt ich mich mit einem deutschen Ehepaar. Der Mann war etwa fünfundsechzig Jahre alt und Kriminalbeamter im Ruhestand. An einem Morgen fragte er mich, ob ich mit ihm zum Arzt kommen könne; er brauche dringend ein Medikament gegen seine starken Schmerzen im rechten Arm, da er in drei Tagen mit dem Auto nach Hause fahren wollte. Er sprach aber kein Italienisch.

Ich sagte ihm ganz instinktiv, er solle einen Moment ruhig sitzenbleiben; dann legte ich ihm meine Hände für mehrere Minuten auf die schmerzende Stelle des Armes. Danach konnte er den Arm wieder bewegen und ihn ohne die geringste Behinderung hochheben. Im letzten Jahr habe ich das Ehepaar wiedergetroffen; der Mann hatte seit meiner Behandlung keinen weiteren Schmerzanfall mehr bekommen.«

Heute sagt Evelyne Feigenwinter: »Zu mir kann man eigentlich mit jeder Krankheit kommen. Es ist möglich, so gut wie jede Krankheit zu heilen, aber leider nicht jeden Patienten.«

Sie hat inzwischen die Ausbildung bei Diana Craig abgeschlossen und ist seit mehreren Jahren Mitglied der »National Federation of Spiritual Healers« in England. Wie alle englischen Heiler nimmt sie kein Honorar, sondern bittet nur um Spenden.

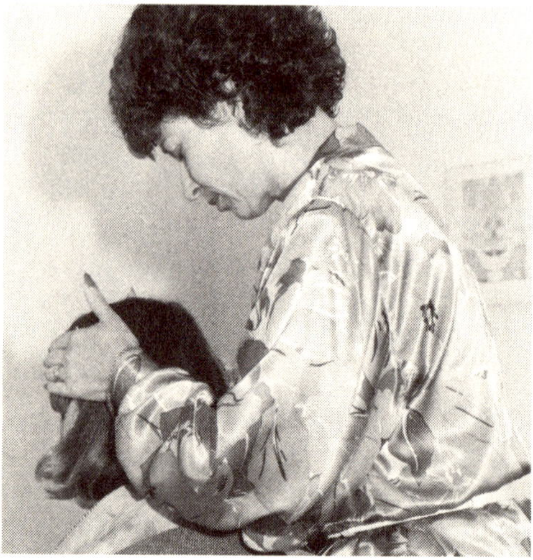

Vrenchy Griffiths

Die junge Frau, die mit mir in das Haus der Heilerin Vrenchy Griffiths am Stadtrand von Luzern gekommen ist, atmet schwer. Man sieht ihren Augen an, daß sie Angst hat, ja geradezu in Panik ist. Sie zuckt jäh zusammen, als sie nur ganz leicht gegen ein Tischchen stößt. Wir versuchen sie anzusprechen – erschreckt weicht sie zurück, dem Weinen nah.

Sie wird von Depressionen gequält und sucht Heilung bei der Frau, die ich interviewen möchte. Vrenchy Griffiths wendet sich erst einmal ihr zu. Was dann folgt, ist eine Demonstration wunderbarer Fähigkeiten.

Frau Griffiths spricht kurz auf die Patientin ein, die widerstrebend Platz nimmt, aber immer ruhiger wird. Die Heilerin steht hinter ihr, sie scheint die Frau zu streicheln, ohne sie zu berühren. Ihre Hände folgen einfach den Konturen ihres Körpers.

»Sie atmen im Moment nur bis in die Mitte des Körpers. Bitte tiefer, tiefer…«, sagt die Heilerin zwischendurch. »Lassen Sie sich fallen.«

Es scheint, als wäre die Kranke eingeschlafen. Jedenfalls hat sie die Augen geschlossen und atmet tief. Es vergehen etliche Minuten, bis sie die Augen wieder aufschlägt.

»Was war mit mir? Wie lange war ich weg? Bin ich eingenickt? Doch mindestens eine Viertelstunde. Oder länger?« Ihre Stimme klingt verwandelt, ganz ruhig, richtig erholt. Ihr Tonfall ist gedämpfter, ihr Gang langsamer als vorher.

»Ich war meilenweit weg«, erzählt sie. »Mir war zumute, als säße ich in einer stillen Kugel, abgeschirmt gegen alle Übel. Das Gefühl der Zeitnot und der Panik gabs nicht mehr. Ich hatte vorher Muskelverspannungen im Rücken. Auch die sind wie weggeblasen. Ich spüre jetzt meinen ganzen Körper, vom Fuß bis zum Kopf – jeden Muskel, aber auf angenehme Weise.«

Nun weicht sie auch einem Gespräch nicht mehr aus. Sie möchte das angenehme Gefühl genauer beschreiben: »Wärme, aber auch Sicherheit. Hier kann mir nichts passieren, dachte ich. Frau Griffiths hat mich nicht berührt, doch ihre Kraft habe ich trotzdem gespürt.«

Vrenchy Griffiths ist eine damenhafte, dunkelblonde, attraktive Frau um die Vierzig. Ihr Mann, ein Engländer, ist als Medium bekannt – als »Empfangsstation« für Übersinnliches.

Geheimnisvolle Kräfte – das ist auch ein Thema am Familientisch. Vrenchy sah, erinnert sie sich, schon als Kind manches, das andere nicht wahrnehmen konnten. Daß sie zum Heilen begabt sei, mußte sie sich allerdings erst selbst beweisen. Vor beinahe zwanzig Jahren war eine ihr kaum bekannte Frau fest überzeugt von dieser Begabung und glaubte, daß Vrenchy ihr helfen könne. Diese Frau litt an Atemnot, die – wie die Ärzte sagten – psychosomatisch bedingt war. Solche Störungen, die von der Psyche ausgehen und den Körper krank machen, sind sehr schwer zu heilen, fast wie bei jener Frau, die ich in den ersten Minuten meines Besuchs bei der Heilerin beobachtet hatte. Was passierte damals beim ersten Mal?

»Ich berührte die Hand dieser Frau und spürte plötzlich, wie mich eine gewaltige Wärme durchströmte. Ich habe ihr tatsächlich helfen können.«

Wie sieht die Heilerin den Kranken, was empfindet sie? Sie fühlt und sieht die Ausstrahlung, die vom anderen ausgeht, die ihn wie ein farbiger Lichtbogen umspannt. Nuancen in den Farben zeigen ihr Krankheiten oder seelische Störungen an. Manchmal ist ihr auch, als führe ihr ein anderer die Hand, als weise er sie dorthin, wo die Ursache sitzt.

Oft ist ihre Begabung, Strömungen und Störzonen an der Aura zu lesen, sehr hilfreich. Dann rollt ein Film vor ihrem inneren Auge ab, eine kurze Szene. Einmal sah sie bei der Behandlung eines Kranken plötzlich ein Kind vor sich, das Purzelbäume schlug. Es stellte sich heraus: Genau dabei hatte sich ihr Patient vor Jahrzehnten den Halswirbel verletzt, was nie erkannt worden war. Seine Kopfschmerzen von heute sind die Folgen von damals.

Diese eine Geschichte aus der Vergangenheit ist sehr interessant, aber mich interessiert vor allem die Gegenwart. Zwei Patientinnen, die ich aufgespürt habe, geben gern Auskunft. Die vierzigjährige Barbara K. aus Luzern, eine Hausfrau, wurde von juckendem Hautausschlag geplagt: »Der Arzt konnte nichts feststellen, doch der Ausschlag wurde immer schlimmer. Man hat mir Cortison gegeben – ohne Erfolg. Ich litt über sechs Monate.«

Endlich kam Barbara K. zu Frau Griffiths. Nach zehn Sitzungen verschwand das Leiden. Was die Patientin noch heute beeindruckt: »Ich fühlte bei der Behandlung nicht nur Wärme, die auf mich einströmte – mir war, als werde ich von innen umgewandelt. Vielleicht lag das an den Gesprächen, die sie mit mir hatte.«

Muskelschmerzen führten die einundfünfzigjährige Sekretärin Hannelore R. aus Zug zu Vrenchy Griffiths. »Ich hatte mir am linken Bein wohl einen Muskel gezerrt. Das Bein tat weh, dazu kamen Muskelkrämpfe.« Seltsam war die erste Wirkung der Behandlung: »Erst große Wärme – dann verschwanden alle Empfindungen zwischen Knie und Zehen. Es war so, als hätte ich gar kein Bein mehr. Dann kam die große Wärme wieder, und der Schmerz löste sich auf.«

Auch ich verlasse das Haus am Vierwaldstätter See mit einem merkwürdigen Gefühl: »Das Gespräch war anstrengend – und doch sehr erholsam.«

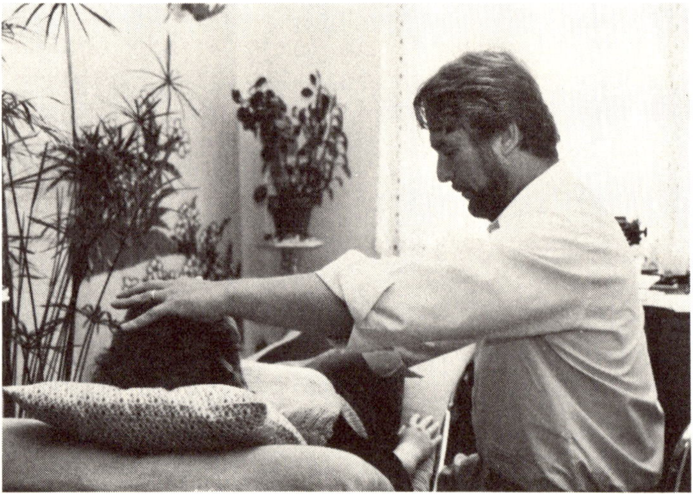

German Jost

Ein ganz normales Hochhaus in dem ganz normalen, kleinen Schweizer Ort Niedergösgen bei Aarau. Im fünften Stock wohnt German Jost, zur Zeit Kranführer. Man hört Kinderlachen. Alltagsgeräusche in der Küche. Hier in der Mietwohnung geschehen täglich Heilungen, die den Betroffenen oft wie ein Wunder erscheinen, denn der Kranführer ist Geistheiler. Einer von denen, deren Namen sich allmählich herumsprechen...

Der Behandlungsraum ist ein Nebenzimmerchen der Wohnung, höchstens sechs Quadratmeter groß. Eine Liege, ein kleiner Tisch, zwei Stühle – mehr paßt nicht hinein. Unruhig wartet eine Patientin. Sie ist den Tränen nahe, springt immer wieder vom Stuhl auf, will offenbar wieder weglaufen, bleibt dann doch – mit sichtlichem Zögern. Jost hat schon mit ihr gesprochen. Ich darf bei der Behandlung zusehen. Die Frau leidet an krankhaften Ängsten, an Zuständen der Bedrückung, verbunden mit Herzklopfen und Herzrhythmusstörungen. Der Raum ist für sie zu klein, in einem Flugzeug würde sie – der Enge wegen – Erstickungsanfälle bekommen. Platzangst. Die nervöse Hochspannung und die Ängste sind durch beruflichen Streß ausgelöst worden.

Die Frau streckt sich auf der Liege aus. German Jost – groß, volles grauschwarzes Haar, ein beruhigend wirkender Mann – hält seine Hände über ihren Kopf. Noch ist sie spürbar nervös, kann nicht ruhig liegen. Nun legt er die Hand auf eine Stelle über ihrem Magen – dort ist das Sonnengeflecht, ein lebenswichtiger Nervenknotenpunkt. Es wird plötzlich ganz ruhig im Raum. Jetzt scheint die Patientin zu schlafen. Nach einer Weile steht sie auf – ihr Gesicht, ihre Bewegungen sind sichtlich entspannt.

Sie erzählt ohne nervöse Gesten: »Zuerst wollte ich wirklich fortlaufen. Aber schon bei der ersten Berührung, als er die Hand auflegte, spürte ich, wie plötzlich ein unendlich friedliches Gefühl über mich kam. Ich hatte den Eindruck, weit fort zu sein, weggetragen zu werden. Plötzlich konnte ich wieder richtig durchatmen. Ein Kraftstrom durchzog mich. Ich wünschte, das würde nie aufhören. Meine Ängste sind weg. Vorhin hat mich dieses kleine Zimmer beengt, bedrückt. Ich wollte raus. Aber das ist vorbei...« Sie verabschiedet sich dankbar.

Wie kommt der vierundvierzigjährige German Jost, der so welterfahren spricht, nach Niedergösgen? Er ist in einem Nachbarort geboren, aber das Dorf hat ihn nicht gehalten. Er wurde zuerst Seemann, fuhr sieben Jahre lang um die Welt. Später hat er, nach seiner wirklichen Berufung suchend, auch mit anderen Berufen sein Geld verdient, zeitweise als Versicherungsvertreter und jetzt als Kranführer. Erst 1981 entdeckte er seine eigentlichen Fähigkeiten, genauer gesagt, sie wurden entdeckt. Er hatte sich lange schon fürs Meditieren interessiert und in Aarau einen Vortrag des berühmten Parapsychologen Professor Bender besucht. Ein Seminar schloß sich an, und dort sprach ein Medium – eine Frau – ihn an. Sie sagte ihm, daß sie bei ihm heilende Kräfte spüre. Jost konnte es nicht glauben.

In den folgenden Jahren nahm er sich erst einmal Bücher vor – er wußte ja nicht, was eigentlich unter einem Geistheiler zu verstehen war. Seine Frau war sein erster Patient. Vor ein paar Jahren hatte sie starke Schmerzen im Arm. »Jetzt mach doch mal was«, sagte sie. »Du studierst das doch schon so lange.« Er nahm ihren Arm nur in die Hand. »Und mir war«, erzählt sie, »als würden die Schmerzen wie Fäden herausgezogen.«

Jost merkt auch selbst, daß Kraft von ihm ausgeht. Reaktionen seines eigenen Körpers melden ihm, wenn er auf Störungen stößt. »Normalerweise lasse ich die Leute, die zu mir kommen, erst ein bißchen reden. Sie öffnen sich dann viel besser. Und wenn ich weiß, was ihnen fehlt, übermittle ich durch Handauflegen Energien. Wenn irgendwo noch eine Krankheit steckt, spüre ich das an mir selbst. Ich habe dann Schmerzen, die mir anzeigen: da ist noch etwas... Wenn ich davon rede, wenn ich den Patienten darauf anspreche, ist der Schmerz bei mir sofort vorbei.« Was er sagt, klingt ehrlich. Das sind eben seine täglichen Erfahrungen. »Bei Entzündungen zum Beispiel empfinde ich Kälte. Von Leuten, die geistig hart arbeiten, geht ebenfalls ein Gefühl der Kühlheit aus. Und warm wird es mir, wenn sich Verspannungen auflösen...«

Der spektakulärste Fall, den German Jost hatte, war der einer sechsundzwanzigjährigen Frau, die gleichzeitig in ärztlicher Behandlung war. Krebs am Gebärmutterhals. Die Ärzte waren fast schon zur Operation entschlossen. Nach acht Behandlungen bei Jost ließ sie sich noch einmal untersuchen. Die Krebsgeschwulst war zurückgegangen, an ihrer Stelle nur noch eine Entzündung. Jost schickte sie zu einem zweiten Arzt, der die Diagnose bestätigte.

Bis zu zehn Patienten aus der Umgebung, aber auch aus

Österreich und der Bundesrepublik behandelt er zur Zeit täglich. Es werden immer mehr, ausschließlich durch Mundpropaganda, durch die Berichte von jenen Menschen, denen Jost helfen konnte. Er verlangt kein festes Honorar, sondern begnügt sich mit Spenden.

Zu seinen dankbarsten Patienten gehört eine frühere Rauschgiftsüchtige. Zweieinhalb Stunden lang war sie bei ihm. »Irgend etwas zwang mich, für sie zu beten...« erzählt er. Er war erschöpft, als sie ging. Aber sie kehrte später jubelnd zurück. Sie hatte die Rauschgiftsucht überwunden.

Immer wieder schickt er seine Patienten zum Arzt. Dazu hat er sich verpflichtet: Es gibt da einen Ehrenkodex der Heiler, der auf Josts Schreibtisch liegt. »Ich wende nur Heilmethoden an, die ich beherrsche und deren Folgen ich absehen und verantworten kann«, heißt es. Und: »Ich empfehle jedem Patienten, unter ärztlicher Kontrolle zu bleiben.« Jost sieht kein Gegeneinander, keinen Konflikt. Er kuriert ja nicht Krankheiten, sondern vermittelt Kraft zum Gesundwerden.

Madeleine Elewa-Riedel

Auf ihrer Visitenkarte steht: Madeleine Elewa-Riedel, Spiritual-Healer; darüber: »Seit 1961 im Dienst der leidenden Menschen«, und auf der Rückseite »Gott tut die Arbeit, ich bin nur sein Werkzeug.« In diesem Sinne arbeitet und heilt die Schweizerin. Im Wartezimmer ihrer Praxis in Heiden im Appenzeller Land finden die Patienten nur positive Literatur. »Es ist wichtig, daß der Mensch sich wieder darauf besinnt, positiv zu denken«, sagt die Geistheilerin.

Ihre Patienten sind in der Regel Menschen mit schwachen oder zerrütteten Nerven oder mit psychosomatischen Störungen. »Daneben suchen mich auch Leute mit den verschiedenartigsten Beschwerden auf. Piloten lassen ihre Nerven behandeln und Größen aus dem Ski-, Eislauf-, Fußball- und Boxsport kommen vor großen Wettkämpfen zu mir, um ihr Lampenfieber loszuwerden. Auch viele Kinder suchen mich auf; sie leiden meist unter Prüfungsangst oder sind Schulversager. Gerade Kindern vermag ich sehr gut zu helfen.«

Madeleine Elewa-Riedel war selbst noch ein Kind, als sie zum ersten Mal merkte, daß sie über eine seltsame, ihr damals völlig unverständliche Kraft verfügte. »Ich war neun Jahre alt und lebte mit meiner Familie in Südamerika. Durch eine falsch ausgeführte Pockenschutzimpfung war ich völlig gelähmt; ich konnte nicht einmal allein essen.« Ihr Vater – er war der bekannte Parapsychologe Herbert Michel, Hermano genannt – versuchte sein Möglichstes, um der Tochter zu helfen. »Von den Indianern bekamen wir Wurzeln und Vulkanerde, die zu meiner Heilung beitrugen. Trotzdem blieb mein Zustand kritisch. Doch eines Tages hatte ich eine Vision: Ich erfuhr, daß ich gesund und Heilerin werden würde. Die Lähmung verschwand allmählich, und mit einundzwanzig Jahren war ich dann Heilerin, und zwar mit Leib und Seele.«

Sie erklärt: »Wer zum Heilen berufen ist, spürt diese Fähigkeit bereits als Kind. Sie bricht etwa im Alter von dreizehn oder vierzehn Jahren durch. Man spürt, daß es nicht mehr anders geht, daß man diese Kräfte einsetzen muß. Dann versucht man es hier und dort. Wir haben zuerst in unserer Familie geheilt. Ich habe viele Geschwister, von denen drei Brüder ebenfalls Heiler sind. Wir experimentierten untereinander, halfen auch Bekannten, und wir übten hellseherische Fähigkeiten. Das verstärkte den spirituellen Kanal.

Jeder Mensch hat Heilkräfte in sich, aber zum Heilen muß man geboren sein. Diese Aufgabe ist nicht leicht, denn es gibt große Probleme zu bewältigen. Vor allem wird man von unwissenden Leuten angegriffen. Dabei denke ich nicht an Ärzte, sondern an Menschen, die keinerlei Kenntnisse über Geistheilung haben. So war ich, als ich mit dem Heilen anfing, für einige Leute allen Ernstes eine Hexe. Andere allerdings wären für mich durchs Feuer gegangen.

Ich habe da auch sehr schöne Erlebnisse gehabt. Das Vertrauen meiner Patienten mir gegenüber erstaunt mich immer wieder.«

Woher sie die Kraft nimmt, täglich acht bis zehn Stunden heilend zu arbeiten und außerdem noch im Internationalen Kreativzentrum Heil-Meditationen und Vorträge über »Meine Erlebnisse mit den Geistheilern auf den Philippinen« zu halten, erklärte Madeleine Elewa-Riedel so: »Ich habe meinen Glauben. Um Mitternacht meditiere ich und mache für meine Patienten Fernbehandlung. Morgens um sechs Uhr meditiere ich nochmals. Ich meditiere regelmäßig, gleichgültig, wo ich mich befinde. Wenn man das täglich tut, und auch betet, erhält man einen unwahrscheinlich starken Schutz und die göttliche Führung. Auf diese Weise kann ich nicht nur viel verkraften, sondern auch viel Kraft spenden.«

Die Schweizer Geistheilerin erklärt, daß sie bei einem neuen Patienten schon nach dem ersten Blick sagen kann, was ihm fehlt. »Ich sehe seine Aura. Wenn ich den Patienten dann behandle, weiß ich genau, wo der Krankheitsherd liegt. Ich spüre ihn mit meinen Händen auf. Sie sind wie ein Magnet, der den Störherd anzieht. Ich kann dann entsprechend auf das erkrankte Organ einwirken. Wenn ich erkenne, daß ein Patient zu einem Spezialisten gehen oder operiert werden muß, sage ich ihm das natürlich. In der Regel unterrichtet der Patient dann den betreffenden Arzt darüber, daß ich ihn geschickt habe.«

Viele Menschen aus aller Welt sind regelmäßige Patienten der Schweizer Geistheilerin. Sie bleiben ein bis zwei Wochen und lassen sich durchschnittlich zweimal täglich behandeln. »Es ist eine Intensivtherapie. Manchmal gibt es starke Reaktionen, vor allem, wenn das Leiden alt ist. Das kann sehr schmerzhaft sein. Die Besserung tritt in solchen Fällen erst zu Hause auf«, sagte Madeleine Elewa-Riedel.

Auf besondere Fälle angesprochen, in denen sie helfen

konnte, fällt ihr eine Patientin ein: »Sie kam völlig verzweifelt zu mir, denn ihr Arzt hatte Geschwüre im Darm festgestellt, die vor dem Durchbruch standen. Sie aber hatte vor der ihr angeratenen Operation geradezu panische Angst. Ich mußte das Mädchen zuerst nervlich stärken und ließ die Heilkräfte durch sie hindurchströmen, während ich im stillen betete. Dabei spürte ich, daß ich dieser Patientin helfen konnte. Wir setzten die Behandlung über vierzehn Tage regelmäßig fort. Dann nahm der Arzt, den ich kannte und der von meiner Behandlung unterrichtet war, eine Darmspiegelung vor. Großes Erstaunen: Nur eine leichte Entzündung konnte er noch feststellen, die aber später ausheilte. Die Patientin kommt vorsorglich weiter zu mir in Behandlung. Da sie sehr ehrgeizig ist, muß sie lernen, diese Eigenschaft abzubauen, um die Harmonie von Körper, Geist und Seele zu erlangen.«

In einem anderen Fall suchte ein fast erblindeter Patient die Heilerin auf. Der Mann hatte eine Netzhautablösung. Nach vier Behandlungen sagte er plötzlich: »Frau Elewa-Riedel, ich kann lesen, stellen Sie sich das vor!« Er war außer sich vor Freude. Die Ärzte untersuchten ihn und mußten von einem Wunder sprechen: Die Erkrankung war so weit zurückgegangen, daß er tatsächlich wieder deutlich sehen konnte.

»Und da muß ich noch an eine Frau denken, die 1980 zu mir kam. Sie wurde zweimal in der Woche an eine künstliche Niere angeschlossen. Während ich sie behandelte, reichte pro Woche eine Dialyse; seit April 1982 lebt diese Frau wieder ganz normal. Aber ich behandle sie weiter, denn es ist wichtig, daß sie lernt, positiver zu denken.«

In einem anderen Fall kam eine Frau, die sich sehnlichst ein Baby wünschte, zu der Geistheilerin. Madeleine Elewa-Riedel: »Die Frau litt unter einer Eileiterverstopfung. Ihr Arzt sah keine Chance mehr, daß sich ihre Hoffnung noch erfüllen könne. Aber die Frau gab nicht auf und kam zu mir. Tatsächlich konnte ich ihr helfen, und sie bekam einen Jungen, später noch ein zweites Kind. Während beider Schwangerschaften behandelte ich die Frau regelmäßig. Ich kann aber auch helfen, wenn die Ursache der Kinderlosigkeit beim Mann liegt.«

Neben der heilenden Kraft, die Madeleine Elewa-Riedel ihren Patienten übermittelt, steht, wie sie immer wieder betont, das Erlernen positiven Denkens im Mittelpunkt ihrer Behandlung. »Negative Gefühle wie Eifersucht, Haß, Neid, zu hohe Erwartungen oder zu großer Ehrgeiz machen krank. Jeder Mensch muß an sich arbeiten und solche negativen Eigenschaften abbauen. Wichtig ist auch, daß wir demütiger und dankbarer werden.«

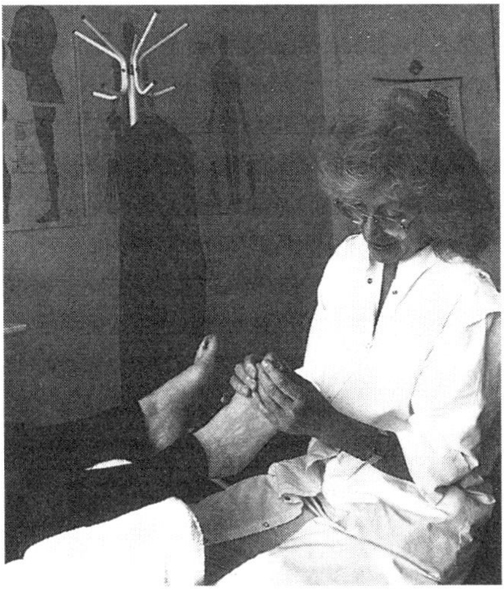

Elfriede Müller

Man sah es schon auf tausend Bildern: Ärzte versenken Nadeln in die Haut. Sie regen ein geheimnisvolles Leitungsnetz an, das in drei oder vier Millimetern Tiefe verläuft. Ein Wunderwerk, das Signale auffängt und weitergibt an bestimmte Organe – aufmunternd, bremsend, schmerzlindernd, anregend. Das ist Akupunktur, eine uralte Kunst. Es gibt jedoch eine Schweizerin, die bei der Akupunktur ohne Nadeln auskommt. Ich sah zu, wie sie streichend und massierend das Leitungsnetz unter der Haut kontrollierte und stimulierte; ich hörte von Patienten, wie Schmerzen schwanden, wie sich unerwartete Heilungen einstellten... Die Heilerin Elfriede Müller, geboren am Zürichsee, ist eine mädchenhaft-zierliche Frau. »Gesundheitsinstitut« steht auf einem Schild an der Tür ihres Hauses in einem Vorort von Bern, wo sie nun lebt und arbeitet.

Eine junge Frau hat vor ihr im Behandlungszimmer in einer Art Liegestuhl Platz genommen, ohne Strümpfe, ohne Schuhe, denn Elfriede Müller will nur die Füße der Patientin sehen; sonst hat sie zunächst keine Fragen. Die Frau hat nichts dagegen, daß ich bei der Behandlung dabei bleibe. Sie wirkt gestreßt, erschöpft. Aber jetzt lächelt sie. »Das Liegen in diesem Stuhl ist richtig entspannend. Der ganze Raum ist lichtdurchflutet. Leise Meditationsmusik im Hintergrund. An der Wand ein Christusbild. – Was geschieht jetzt?«

»Ich will nur mal sehen, wo es fehlt.« Und das sieht sie, nein, das fühlt sie an den Fußsohlen. Elfriede Müller – liebenswürdig, doch dabei bestimmt – streicht über die Haut. »Ihr Energiefluß ist gestört.« Das muß die Heilerin erst einmal erklären. Zwischen der Haut und einzelnen Organen bestehen enge Verbindungen, wie auch Schulmediziner wissen. Im Ohr und in der Fußsohle sind eine ganze Reihe von Punkten, an denen sich Störungen anderer Körperteile ablesen lassen. Man muß nur genau wissen, welcher Punkt gesucht werden muß, um bestimmte Wirkungen auszulösen.

Bei der Patientin steckt die Störung im Unterleib. Sie berichtet von einer schweren Operation, die hinter ihr liegt, von einem Eingriff, an den nur noch eine große Narbe erinnert. Doch immer wieder melden sich Schmerzen. »Ich werde erst die Narbe entstören…«, erläutert Frau Müller, denn das Leitungsnetz unter der Haut – die sogenannten Meridiane – transportiert Energie durch den Körper. »Bei jeder Narbe quer über den Körper kann ein Störfeld entstehen. Die Meridiane sind unterbrochen, die Energie sucht sich einen Weg durch Nebenkanäle, dann können Schmerzen entstehen. Die Energie fließt zwar weiter, aber nicht so intensiv, wie sie es im Hauptkanal könnte. Sobald die Energie wieder im Fluß ist, kommt der Körper in Harmonie, und der Schmerz geht weg.«

Man sieht es der Patientin an, daß ihr die Erklärung einleuchtet. Die Heilerin streicht mit den Händen am Körper entlang und holt ein kleines Gerät, so groß wie ein Walkman, zu Hilfe, das mit sanften elektrischen Strömen ebenfalls die Körperenergie anregt. Hilft es? Ich hatte mir die Telefonnummer der Patientin geben lassen und fragte später nach. Die Narbenschmerzen sind nicht wiedergekehrt. Ein verhältnismäßig harmloser Fall.

Dramatisch verlief dagegen, was die Mutter eines anderen Patienten erzählt. Ihr Sohn war vierzehn Jahre alt, als der Turnlehrer die Eltern verständigte. Der Bub könne die Füße nicht mehr abrollen. Die bittere Diagnose der Ärzte hieß: Muskelschwund. »Sie müssen darauf gefaßt sein, daß ihr Sohn in zwei Jahren auf den Rollstuhl angewiesen ist.«

Die Heilerin spürte auch hier Stockungen im Energienetz, die sich zentimetergenau lokalisieren ließen. In diesem Fall berührte Elfriede Müller bestimmte Akupunkturpunkte und Meridiane mit Metallstäbchen. »Das ist, als wenn man ein Bachbett reinigt. Ich fahr' den ganzen Bach entlang – das sind die Meridiane. Wo eine Stauung ist, setz' ich das Stäbchen an und bringe die Ströme wieder in Fluß.«

Die Behandlung hat vor etwa einem Jahr begonnen. Heute kann die Mutter sagen: »Das Kind ist gesund, ihm geht es gut. Und die Schmerzen sind weg. Ob alles ganz ausgeheilt ist, weiß ich nicht. Aber im Rollstuhl muß er nicht sitzen. Die Muskeln haben sich gekräftigt. Vorher war er schwach in den Beinen. Das ist bedeutend besser.« Und der Sohn sagt dazu: »Es ist doch etwas passiert. Ich spürte bei der Behandlung Wärme ...«

Ist das alles? Hinter dem, was da wie Streichen aussieht, steckt ein ganzes System – ein Netzwerk verschiedener Methoden.

Fuß-Akupunktur ist beispielsweise oft nur Vorbereitung der Behandlung. Elfriede Müller drückt zum Beispiel auf einen Akupunkturpunkt an der Sohle. »Das kann dann irgendwelche Blockierungen lösen, die Angst verursachen.«

Bei allen Formen der Akupunktur wird körpereigene Energie übertragen. Doch es gibt auch Kräfte, die von der Heilerin in den anderen Körper strömen – was heute Ärzte durchaus für möglich halten. »Das ist auch für mich ein großes Glücksgefühl. Ich übertrage Energie, die von außen kommt, da bin ich nur Kanal. Eine Kraft, die mich selbst stärkt.« Aber von der Energie von draußen sagt sie dem Patienten nichts – die spürt er nur.

Elfriede Müller hat dazu viele Kurse besucht und in einem Seminar mit dem amerikanischen Geistheiler Keith Sherwood gearbeitet. Der Anstoß zu all dem war eine eigene Krankheit, die sie überwinden wollte und überwunden hat: Krebs. Auch hier begann die Heilung mit Selbsterkenntnis. Sie spürte Blockaden, Störungen im eigenen Körper, die erst beseitigt werden mußten – durch Meditieren beispielsweise. Die Gesundheit kehrte zurück. Bei ihr und offensichtlich bei vielen ihrer Patienten.

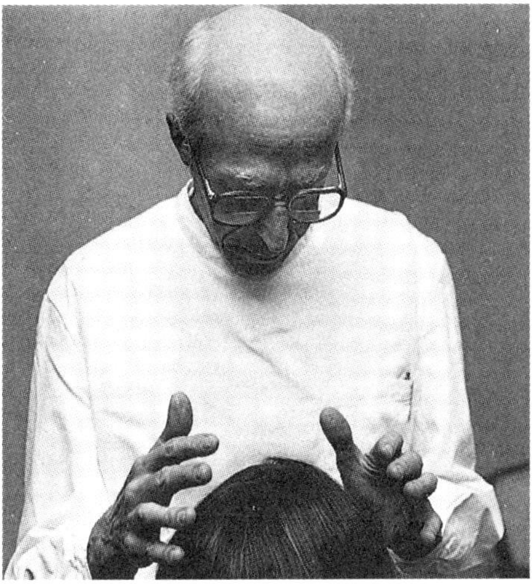

Friedrich Brechbühl

Was geschieht eigentlich, wenn Geistheiler ihren Patienten die Hand auflegen oder nur in die Nähe des Körpers bringen? Was spürt man dabei? Ich habe Menschen befragt, die von dem heute neunundsechzigjährigen Friedrich Brechbühl behandelt worden sind. Er ist ein asketisch wirkender Mann, und er praktiziert in einem Zweifamilienhaus in Sursee, einem kleinen Städtchen in der Zentralschweiz. Sein Beruf ist Geistheiler. Was immer von ihm ausgehen mag – die Kranken auf seinem Untersuchungsstuhl fühlen es sehr deutlich.

Eine vierundfünfzigjährige Hausfrau aus der Umgebung von Luzern spricht frei, ruhig, ungehemmt, in klarem Hochdeutsch, ohne »Ähs«, ohne verschluckte Laute, die Nervosität anzeigen. Sie spricht klar – jedenfalls wenn sie von der Gegenwart redet. Die Vergangenheit ist ihr undeutlicher in Erinnerung. Was sie noch genau weiß: »Es ist jetzt ein Jahr her, daß ich zu Herrn Brechbühl kam.

Heute geht es mir gut, wie Sie hören. Damals bei der Behandlung habe ich sofort Wärme gespürt.«

Für sie ist es eine äußerst wichtige Entwicklung, vielleicht ein Wunder, daß sie heute so ruhig sprechen kann. »Früher hatte ich psychische Stauungen, Verfolgungsängste, ich war wahnsinnig aggressiv, sehr nervös.« Was sie sagte und dachte, entzog sich ihrer Kontrolle. Mehrfach mußte sie in Klinikbehandlung und war auf starke Medikamente angewiesen.

Er legte ihr nur die Hände auf. »Es war wie eine Explosion. Als ob sich etwas gelöst hätte. Und ich wurde sehr ruhig. Meine Ängstlichkeit ging weg. Auch die Aggressivität ist fort.«

Bei einigen der Menschen, denen Brechbühl die Hand auflegt, wirkt sich die Wärme nur als wohlige Müdigkeit aus. Andere dagegen sprechen von starker Hitze, die sich bis in die Zehenspitzen ausdehnt. Manche hatten dabei das Gefühl, irgendeine Kraft schüttele sie kräftig.

Das entspricht Brechbühls Erfahrungen: »Ein Wärmegefühl entwickelt sich bei Patienten, die wirklich aufnahmefähig sind. Das ist Gott sei Dank ein großer Prozentsatz. Es gibt natürlich auch Menschen, die haben eine Blockade, eine Sperre. Das ist, als ob man einen Stein berühren würde. Die sind kalt, da entwickelt sich keine Wärme«, sagt er. »Bei aufnahmebereiten Patienten dringt dagegen Hitze bis in die Zehen. Ich habe dabei manchmal das Gefühl, daß es meine Finger förmlich hineinzieht in den Patienten.«

Was Friedrich Brechbühl nicht sagt: Er »riecht« oft Krankheiten, spürt am Geruch, wo er die Ursache einer Gesundheitsstörung finden kann. Ausdrücklich betont er, daß die Heilung eine Aktivierung der Kräfte ist, die oft erst eine Abwehr, eine Krankheitserscheinungen auslöst. Friedrich Brechbühl nennt dies Heilkrisen, Geburtswehen der Gesundheit. »Das ist für mich immer die Bestätigung, daß man dem Kranken helfen kann.« Die Krankheitserscheinungen, die sich dann zeigen, haben oft überhaupt nichts mit dem Leiden zu tun, das den Kranken zu ihm führt. So ließ sich eine Telefonistin wegen starker Schmerzen im Arm behandeln. Aber zuerst brach ein starker Katarrh aus: »Es war eine verschleppte Stirnhöhlenvereiterung, die sich plötzlich löste. Damit begann die ganze Heilung.«

Wie hat Friedrich Brechbühl seine Fähigkeit entdeckt? Es begann vor mehr als fünfunddreißig Jahren ganz einfach damit, daß er schlecht schlief. Er war damals Textilkaufmann. »Ein Arzt, den ich um Rat fragte, sprach von möglichen Erd- oder Wasserstrahlen, die unter meiner Wohnung verlaufen und sich nachteilig auf den Schlaf auswirken könnten. Er verwies mich an einen Wünschelrutengänger.« Aber dieser Mann, der auch Pendler war, entdeckte nicht nur Erdstrahlen, sondern auch die Empfindsamkeit Friedrich Brechbühls, seine Begabung für das Pendeln zum Beispiel. Der Wünschelrutengänger war technischer Leiter bei einer Gesellschaft in Luzern, die sich wissenschaftlich mit der Wünschelrute beschäftigt. Bei ihm ließ der Heiler sich erst einmal ausbilden. Zu gleicher Zeit wuchs sein Interesse fürs Pendeln und schließlich für alle Gebiete der Parapsychologie.

Anfangs war das nur ein Hobby. Im Hauptberuf blieb er Textilkaufmann. Bis seine Frau eines Tages schwer erkrankte. Eine Unterleibsoperation schien unvermeidlich. Seine Frau bat Friedrich Brechbühl aber, seine Kräfte auszuprobieren, die Hand aufzulegen. Er tat es, und allmählich verschwanden die Schmerzen. »Die Operation wurde überflüssig, ein Arzt hat es bestätigt.« Das war 1975. Ein Jahr später eröffnete er seine Praxis als Geistheiler, die erst neben seinem Geschäft lief, aber immer mehr Zeit verlangte. Bis er sich nur noch dem Heilen widmete – wobei er kein Honorar verlangt, sondern mit Spenden zufrieden ist.

Was Kranke oft zu Geistheilern zieht ist die Tatsache, daß sie bei ihnen meist Zeit und Gelegenheit finden, sich auszusprechen. Es ist typisch, wie Friedrich Brechbühl es hält: »Vor den Behandlungen führe ich immer erst ein Gespräch. Der Patient muß doch das Gefühl erhalten, daß man ihm helfen will. Es ist ja immer gut, wenn er sich etwas von der Seele reden kann. Dafür brauchen wir manchmal eine halbe, manchmal eine ganze Stunde oder länger.«

Besonders viel Zeit und Geduld erforderte die Behandlung eines sechzehnjährigen Mädchens, das an Magersucht erkrankt war. Ihr Körper weigerte sich, Nahrung aufzunehmen. Und er weigerte sich auf eine gefährliche Weise. Nach jedem Happen, nach jeder kleinen Mahlzeit, mußte sie sich übergeben. Als sie zu Friedrich Brechbühl kam, war sie von etwa einem Zentner auf vierundsechzig Pfund abgemagert, ein Bild des Jammers. Beim Gespräch erwies sich: Im Hintergrund bedrückten, wie fast immer in solchen Fällen, familiäre Probleme das Mädchen. Sie hatte ihre Mutter im Verdacht, Lesbierin zu sein. Nach sieben Besuchen zeigte das Handauflegen Wirkung. Und heute? Wie es ihr geht, beschrieb der Vater dankbar in einem Brief an den Heiler: »... hat sie nun ihr Normalgewicht von 48,5 Kilo wieder erreicht. Kann es auch mühelos halten. Probleme mit dem Essen gibt es nicht mehr, der Brechreiz ist völlig abgeklungen. Diesen Erfolg haben wir Ihrer heilenden Kraft zu danken.«

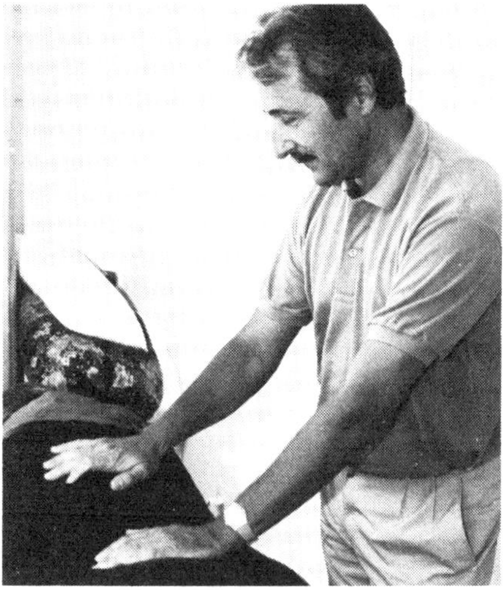

Peter Wüthrich

»Plötzlich hatte ich keine Gewalt mehr über meine Arme«, sagt die junge Frau offensichtlich fassungslos. Sie hat sich gerade von dem Geistheiler Peter Wüthrich behandeln lassen, als Testpatientin. Wüthrich heilt in seinem Schweizer Haus bei Lenzburg. Noch ist er ein Geheimtip, ein Mann, von dem man unter der Hand redet, einer, der sich der Schmerzen anderer bisher nur nebenbei angenommen hat. Aber mit überraschendem Erfolg, wie nicht nur der Fall der Testpatientin zeigt. Ich habe viele Fragen an ihn: Was hat er mit ihr gemacht? Wie heilt er? Er ist keiner Frage ausgewichen...

Sein Haus am Ufer des Hallwiler Sees – erster Eindruck: beste Lage, ruhige Atmosphäre, nichts Neureiches, alles zurückhaltend-gediegen.

Frau Hanne W., die Testpatientin, kam mit mir im Auto. Sie hat Schmerzen im oberen Teil des Rückens. Wo – das soll er selbst herausfinden. Sie sagt nur: »Ich hab da was im Kreuz. Können Sie helfen?« Hanne legt sich nach einem kurzen Gespräch bäuchlings auf eine einfache Couch. Er hat inzwischen leise, beruhigende, in die Seele gehende Musik eingeschaltet und fährt mit den Händen über ihren Rücken, ohne ihn jedoch zu berühren.

»Ja, da ist es«, sagt sie plötzlich. Er hat, bestätigt sie später, millimetergenau die Stelle gefunden, wo der anhaltende Schmerz sitzt. Gleich nach der Behandlung, als alles noch deutlich im Gedächtnis ist, erzählt sie weiter: »Noch einmal spürte ich einen starken Schmerz, als er den Muskel massierte. Ich hatte das Gefühl zu schweben; plötzlich hatte ich keine Gewalt mehr über meine Arme, sie rutschten vom Körper weg. Ich werde bleischwer und fühle mich, als hätte ich Stunden geschlafen.« Hanne hat gar nicht gemerkt, daß er auch ihre Fußsohlen massierte, auf verschiedene Punkte drückte. Als Hanne aufsteht, sind die Schmerzen wie weggeblasen, die Verspannungen haben sich gelöst.

Wir sehen uns inzwischen im Wohnzimmer um. Möbel aus Naturholz, alles ist in hellen Gelbtönen gehalten. Leer dagegen der Behandlungsraum. Nichts soll ablenken, irritieren. In einem Bauernschrank eine Lichtorgel, mit der er die Helligkeit und die Farben des Lichts regulieren und zu einem Teil der Behandlung machen kann. Die Musik gehört auch dazu, Unruhe aus dem Patienten wegzunehmen.

»Heilen ist«, meint Peter Wüthrich nun, »den Körper und die Seele in Harmonie zu bringen. Wenn mir das gelingt – dann bin ich wohl im weitesten Sinne Geistheiler. Aber nicht ich bin es, der da etwas macht...« Er fühlt sich als ein »Kanal«, durch den andere Kräfte in den Patienten fließen – so wie es Hanne W. gespürt hat.

Peter Wüthrich, Anfang Fünfzig, hat eindringliche blaue Augen. »Der Mann hört zu, er geht auf andere ein, er hat Humor«, denkt man schon nach wenigen Sätzen des

Gesprächs. Das gehört auch zu seiner Behandlung. Durch seine Art schafft er erstmal Vertrauen. »Ich bin kein Fünf-Minuten-Handaufleger. Das kann ich nicht. Manchmal arbeite ich zwei Stunden mit dem Patienten. Ich möchte ihn kennenlernen.« Wüthrich empfängt höchstens zwei Patienten pro Abend. Er behandelt nur nach Feierabend – »untertags bin ich ja berufstätig«. Er ist für eine große Firma als Manager in der ganzen Schweiz auf Reisen. Er kommt also müde wie jeder andere nach Hause. Aber die Behandlung der Patienten nimmt ihm keineswegs die letzten Kräfte. Im Gegenteil: »Nach der Behandlung bin ich ebenfalls richtig entspannt, ja, ich habe das Gefühl, als hätte ich meine Kräfte völlig neu aufgeladen.«

Schon sein Großvater hatte die Gabe, erzählt Wüthrich, mit den Händen heilen zu können. Zuerst wurde es ihm bei Tieren bewußt, daß auch von ihm eine Kraft ausging, die kranken Tieren offenbar wohltat. Daß sein Handauflegen auch Menschen half, ergab sich beinahe nebenbei. Inzwischen hat er oft Menschen unterwegs, auf seinen Reisen, behandelt. Und dann kam es oft erst nach Monaten wieder zu einer zufälligen Begegnung, und Wüthrich erfuhr: »Sie haben mir so geholfen. Was haben Sie bloß gemacht?«

Hanne W. ist offenbar ein typischer Testfall. Wüthrich fühlt den Schmerz anderer ohne hinzufassen: »Wenn ich mit meinen Händen das Magnetfeld eines Menschen abstreiche, spüre ich Einbuchtungen, vermehrte Wärmeabstrahlung, und dann weiß ich: Da ist etwas Krankhaftes. Ich spüre einfach die Aura eines Menschen...«

Wüthrich spricht von Shiatsu, einer Form japanischer Akupressur: Nach dieser Heilungsmethode gibt es zahlreiche Punkte am Körper, die durch Druck, Pressur, aktiviert werden. Und er erwähnt, wie viele Heiler, die Meridiane des Körpers, jene Verbindungslinien der Energiezentren. Durch die Akupressur »bringt man den Energiefluß im

Körper wieder zum Laufen«. Das ist das Ziel seiner Massage, des Drucks seiner Finger. Bei Shiatsu fühlt sich Wüthrich erst am Anfang; da ist für ihn noch viel zu lernen.

Aber er fühlt nicht nur Krankheiten in anderen Menschen. Wüthrich gebraucht dafür ein altes Wort: »Besessenheit.« Manchmal, sagt er, nehmen Menschen fremde Energien auf, lassen sich von ihnen besetzen – daraus werden Süchte. Er glaubt, daß auch aus früheren Leben böse Dinge mit ins Heute geschleppt werden. Sie äußern sich als unerklärliche Ängste. »Die muß man dann herausholen.«

Bei einem achtzehnjährigen Mädchen aus Zürich beispielsweise wurden diese Ängste zu Depressionen. Sie weinte den ganzen Tag und sollte schon in ein Krankenhaus eingeliefert werden. Jetzt erzählt sie überall: »Er hat mich geheilt. Ich fühl mich so frei!« Was er genau gemacht habe, weiß sie nicht zu sagen. Es ging ihr ähnlich wie Hanne W. Auch wenn er sie nicht berührte, spürte das Mädchen, daß da eine fremde Kraft ihr wohltat.

Noch ein anderer Fall sprach sich herum: Eine junge Frau konnte ihren Arm nicht mehr heben. Vorzeitige Abnutzungserscheinungen der Knochen, krankhafte Muskelschwäche, Hysterie? Die Palette der Vermutungen reichte weit. Ärzte vermochten ihr nicht zu helfen. Mit der Invalidität müsse sie eben leben, hieß es. Wüthrich hat sie unter Hypnose geheilt. Sie kann den Arm bewegen wie früher.

Es brachte ihm auch viel Sympathie ein, daß er einer Krebskranken half. Er schaffte es, ihr den Schmerz zu nehmen. »Dann starb sie so friedlich«, erzählt die Tochter. Durch Dankbarkeit bringen Geheilte und ihre Angehörigen immer neue Patienten. Der Feierabend reicht schon jetzt nicht mehr für die vielen aus, die von ihm Hilfe erhoffen.

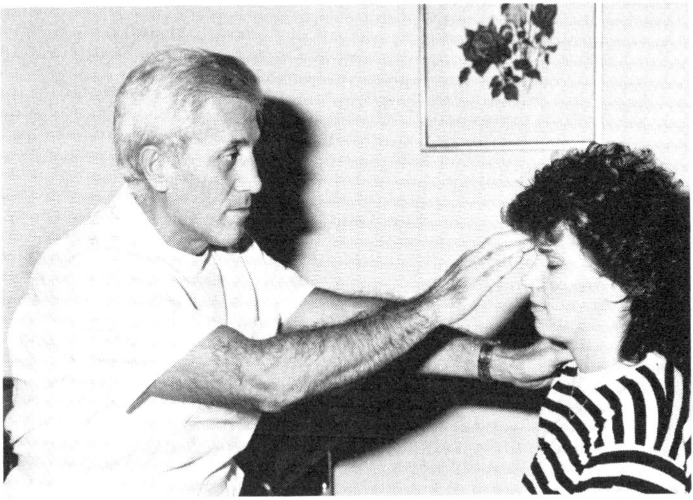

Hermann Michel

Die achtundzwanzigjährige Hausfrau Veronika K. aus Bern hätte eigentlich glücklich sein können. Sie war seit vier Jahren verheiratet. Ihr Mann war geschäftlich erfolgreich, und ihre Liebe war ungetrübt. Und doch gab es einen Schatten, der auf dieser Ehe lag. Trotz aller ärztlichen Vorsichts- und Vorbeugungsmaßnahmen hatte Veronika K. bisher vier Fehlgeburten erlitten. Die Ehe war bislang kinderlos geblieben.

Veronika K. erinnert sich: »Als sich wieder Schwangerschaftsanzeichen bemerkbar machten, geriet ich beinahe in Panik. Ich hatte eine fürchterliche Angst vor einer erneuten Fehlgeburt. Ich mochte auch keinem Arzt mehr über den Weg trauen, weil ich allzuoft enttäuscht worden war. Da nannte mir eine Freundin einen ihrer Meinung nach sehr guten Heiler. Ich blieb mißtrauisch, fuhr dann aber doch nach Wohlen bei Lenzburg.«

Dort traf sie in einer großen Villa den fünfzigjährigen

Hermann Michel. Der Heiler führte die Patientin behutsam in eines seiner freundlich ausgestatteten Behandlungszimmer. In jedem von ihnen stehen sakrale Plastiken.

Hermann Michel erinnert sich genau an diesen Fall: »Ich habe auf verschiedene Körperpunkte der Frau eingewirkt, wobei ich die Hand auflegte. Hauptsächlich unterstützte ich ihr vegetatives Nervensystem. Veronika K. kam dann zunächst alle vierzehn Tage zu mir und später jeden Monat. So begleitete ich die Patientin bis zur Geburt eines gesunden Kindes, die Anfang 1987 ohne jegliche Komplikation verlief.«

Hermann Michel stammt aus einer sehr berühmten Heilerfamilie. Sein Vater war der weit über die Schweizer Grenzen hinaus bekannte Hermano. Hermann Michel: »Er war der erste, der mit großem Erfolg Raucher von ihrer Sucht befreite. Die Patienten kamen damals in Bussen aus allen Teilen der Schweiz, aber auch aus Deutschland und Österreich.«

Daß er die Fähigkeiten seines Vaters geerbt hatte, bemerkte Hermann Michel schon in sehr jungen Jahren. Er stellte zu seiner eigenen Überraschung fest, daß er Haustiere hypnotisieren konnte, wenn er sie intensiv ansah und die Gedanken auf sie konzentrierte. Die Tiere schliefen dann ein oder erstarrten. »Das war schon ein sehr merkwürdiges Erlebnis«, sagt Hermann Michel. »Es faszinierte mich natürlich, und ich begann mich allmählich mit Pendel und Wünschelrute zu beschäftigen. Da war noch etwas – ich konnte Freunden und Bekannten montags genau schildern, wo, wann und auf welchen Wegen sie sich am Sonntag aufgehalten hatten. Das machte natürlich die Runde.«

Der junge Hermann Michel wollte dennoch erst einmal »einen richtigen Beruf« erlernen. Er wurde Werkzeugmechaniker, was ihm sehr viel Spaß bereitete. Mit zwanzig Jahren half er seinem Vater bei der Behandlung von

Patienten und hatte von Anfang an sehr guten Erfolg. Daneben erwarb er das Diplom eines Physiotherapeuten.

Über seine Behandlungsmethode sagt Hermann Michel:

»Ich lasse mir vom Patienten erst einmal die Krankengeschichte erzählen, denn ich stelle selbst keine Diagnose. Dann behandle ich nach einem bestimmten System verschiedene Punkte am Körper. Dabei stelle ich keine Fragen mehr. Der Patient muß sich einfach in Ruhe geistig auf den Wunsch einstellen, gesund zu werden. Ganz intuitiv spüre ich die kranken Körperstellen und weiß, wo ich stärker oder schwächer einwirken muß.

Dabei versuche ich, die Energien des Patienten ins Gleichgewicht zu bekommen. Das bedeutet: Ich muß die Energien mal anregen, mal wieder dämpfen. Ich muß Blockaden abbauen – und dann wieder andere setzen. Bei diesem Vorgang arbeite ich aktiv mit. Der Patient spürt dabei die unterschiedlichen Ströme, die von mir auf ihn übergehen.«

Besonders wichtig ist es für Michel, daß er mit Medizinern zusammenarbeitet. »Ich möchte, daß der Patient in jedem Fall weiterhin seinen Arzt aufsucht, zumindest mit ihm in Kontakt bleibt, denn ich versuche lediglich, die ärztliche Behandlung zu unterstützen.«

So erzielt der Handaufleger bei vielen Krankheiten zumindest eine starke Linderung der Leiden. Uneingeschränkt erfolgreich aber ist er bei der Raucherentwöhnung. »Hier bin ich sozusagen zum Nachfolger meines Vaters geworden, der 1979 verstarb.«

Er erinnert sich an einen besonders spektakulären Fall: »Eines Tages kam eine Frau mit ihrem elfjährigen Sohn zu mir, einem schmächtigen Bürschchen, das schon mit neun Jahren intensiv zu rauchen angefangen hatte. Die Mutter war völlig verzweifelt, weil der Junge über Mitschüler auch noch in die Drogenszene geraten war. Das Kind war für sein Alter recht klein, aber geistig sehr wach. Der Bub wollte schon selbst mit dem Rauchen aufhören, wie er mir beteuerte, aber er hatte einfach zu wenig Disziplin.

Ich habe den Jungen viermal behandelt und ihn dabei restlos von seiner Sucht befreit. Heute kann er wieder ganz normal am Schulbetrieb teilnehmen und hat keinerlei Lernschwierigkeiten.«

Erfolg hatte der Heiler auch in diesem Fall mit seiner ganz speziellen Methode. Er legt die Hand an zwei bestimmten Punkten der Stirn und an der Brust auf. Danach fährt er mit ein paar beruhigenden Strichen von den Schultern über die Arme zu den Knien hinunter. Der Patient hat die Arme während der Behandlung auf den Knien.

Von seinen eigenen Fähigkeiten macht Hermann Michel nicht viel Aufhebens. Es sei nicht viel anders als die Begabung, besonders gut malen oder Klavier spielen zu können. Der Vater habe ihm viel erklärt und gezeigt, besonders in der Zeit, da er ihm in der Praxis geholfen habe. Er habe aber auch immer wieder gesagt: »Jeder muß seinen eigenen Weg gehen, seine eigene Behandlungsmethode finden.«

Hält er es für selbstverständlich, die Begabung seines Vaters geerbt zu haben, so empfindet er es als ebenso natürlich, daß auch seine fünf Kinder diese Fähigkeit erkennen lassen. »Es bleibt eben in der Familie«, sagt Hermann Michel lächelnd.

Bea Grau-Binggeli

Der Patient, der zum ersten Mal zu der Geistheilerin Bea Grau-Binggeli in die Viereinhalbzimmer-Neubaupraxis in einem Vorort von Thun kommt, ist im ersten Augenblick etwas verwirrt: Im Sprechzimmer steht ein großer Glasschrank; darin sind nicht weniger als zweihundert Elefanten-Miniaturen aus allem möglichen Material, vom Porzellan bis zum massiven Gold, aufgereiht. Eines ist diesen Figuren gemeinsam: Es sind alles Geschenke von Menschen, denen hier geholfen wurde.

Die dunkelhaarige und sehr jugendlich wirkende Bea Grau-Binggeli ist nicht nur Heilerin, sondern auch ein großer Elefanten-Fan. Sie findet, daß diese Tiere etwas kolossal Beruhigendes an sich haben. Das empfinden auch die Patienten, die während der Behandlung genau auf diese Herde Dickhäuter mit den aufgerichteten Rüsseln – »das ist wichtig« – schauen.

Bea Grau-Binggeli, Mitte der Dreißig, ist gebürtige Bernerin und stammt aus einer einfachen Familie mit vier Kindern. »Ich wollte eigentlich immer Ärztin werden, aber das Geld reichte nicht für ein Studium. Das liegt jedoch schon weit zurück. Heute bin ich glücklich mit dem, was ich tue; ich helfe Menschen.« Besonders intensiv hilft sie – »das ist mein verwirklichter Wunschgedanke« – in ständiger Zusammenarbeit mit Ärzten.

Am Anfang steht für Bea Grau-Binggeli, die gelernte Säuglingsschwester ist, immer die Seele. »Irgendwann begriff ich, daß ich der Seele eines Menschen nur durch das Fenster seines Ichs näherkommen kann, seinem Gesicht. So kam es nicht von ungefähr, daß ich vor neun Jahren ein Kosmetikinstitut gründete. Dort habe ich dann sehr bald Autogenes Training angeboten. Immer wieder sagten mir Kunden, daß meine Hände eine ganz besondere Ausstrahlung hätten. Ich beschäftigte mich näher mit der Geistheilung, mit Parapsychologie, sprach mit vielen Medien und begriff allmählich, daß ich der Kanal für eine von außen auf mich einwirkende Kraft bin.«

Heute widmet sich Bea Grau-Binggeli einem Patienten erst einmal in einem intensiven Gespräch. »Da nehme ich Kontakt auf über die verschiedenen Chakras. Das sind die Energiezentren eines Menschen. Dabei spüre ich dann, wo Störungen, wo Krankheiten liegen. Ich sehe auch die Aura und erkenne an ihr krankhafte Veränderungen. Dabei konzentriere ich mich voll auf den Patienten. Es ist eine Art Meditation. Danach kann ich dann die aus dem Kosmos kommende mediale Kraft voll einsetzen. Ich lege eine Hand an die Stirn oder den Nacken des Patienten und spüre ganz intensiv die Strömung, die von mir auf den anderen übergeht.

Dieser direkte Körperkontakt ist für die Strömung wichtig. Manchmal muß ich sogar einen Patienten bitten, sich auszuziehen, damit störende moderne Gewebe den Kräftefluß nicht beeinträchtigen.«

Diese mediale Kraft half zum Beispiel der Frau eines Lehrers, die an einer Lähmung von der Taille bis zu den Füßen litt. Die Heilerin erzählt: »Die Frau wurde von verschiedenen Ärzten behandelt, die ihr schließlich erzählten, sie sei querschnittsgelähmt. Dann wurde sie in eine Klinik in Basel überwiesen, doch auch dort waren die Ärzte einfach ratlos. Im Juli dieses Jahres kam die Frau zu mir. Ich lenkte diesen kosmischen Strom auf den Unterkörper der Patientin, und schon nach zwei Wochen konnte sie die Zehen wieder bewegen. Auch die Muskulatur der Beine kräftigte sich. Heute ist sie wieder fähig, allein auf den Beinen zu stehen. Ich behandele die Frau weiter und bin sicher, daß sie eines Tages in gar nicht allzu ferner Zukunft wieder laufen kann.«

Der Ruf der Heilerin ist inzwischen sogar bis nach Saudi-Arabien vorgedrungen. Aus Riad kam ein Scheich, der nach einem Autounfall gelähmt war. »Dieser Mann, der sich alles in seinem Leben leisten kann, hatte in seiner Heimat bestbezahlte Ärzte um sich versammelt. Doch alle angewandten Therapien nützten so gut wie nichts. Dieser Scheich war während eines längeren Aufenthaltes in der Schweiz etwa zwanzigmal bei mir. Danach konnte er wieder laufen. Er hat mir aus Dankbarkeit eine Goldkette mit vier brillantbesetzten Elefanten geschenkt.«

Da war eine Frau, die unter einer Blutkrankheit litt. Trotz zahlreicher Bluttransfusionen konnten keine Fortschritte erzielt werden; das Krankheitsbild blieb unverändert schlecht. »Die Ärzte hielten diese Frau schließlich für einen hoffnungslosen Fall. Ich habe sie vierzehnmal behandelt, wobei sich das Blutbild so gut veränderte, daß die Ärzte von einem Wunder sprachen.« Dann sagt sie weiter: »Aber ein Wunder war es nicht. Es war unser gemeinsamer Glaube an diese mediale Strömung, die auch in diesem Fall wieder die positiven Kräfte im Menschen anregte.«

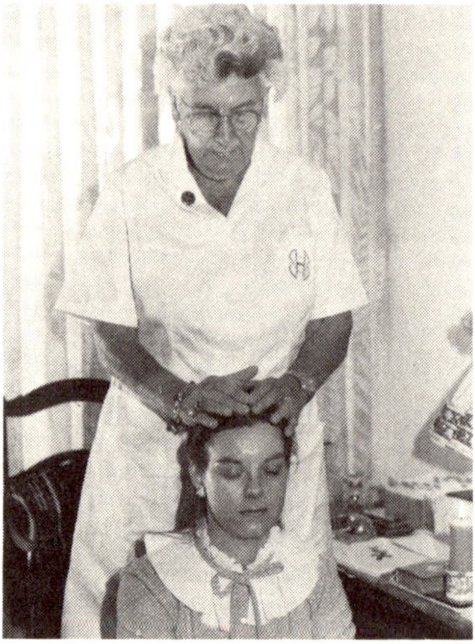

Beryl Frei-Warburg

Die zweiundsechzigjährige Margarete Z. aus Bern ist verzweifelt. Sie weiß sich keinen Rat mehr. Seit über zwei Jahren leidet sie an einem offenen Bein. Die Schmerzen sind unerträglich. Sie hatte schon mehrere Ärzte aufgesucht, aber niemand hatte ihr auch nur vorübergehende Linderung verschaffen können. Sie sitzt bei unserer ersten Begegnung in einem Vorort von Basel der fünfundsiebzigjährigen Beryl Frei-Warburg gegenüber.

»Vor drei Jahren ist mein Mann gestorben«, erzählt Margarete Z., »ein halbes Jahr später fing dann die Sache mit dem Bein an. Von den Ärzten erfuhr ich, daß die Ursache in der Diabetes liege, an der ich leide. Sie haben vieles probiert, die unterschiedlichsten Medikamente verschrieben. Nichts hat geholfen. Dabei habe ich immer diese entsetzlichen Schmerzen. Danach hat mir eine sehr gute Bekannte von Ihnen erzählt. Ich muß Ihnen ganz ehrlich sagen, daß ich nicht viel von Geistheilung halte. Aber diese Schmerzen lassen mir keine andere Wahl.«

Beryl Frei-Warburg hört sich diese wie ein Selbstgespräch vorgetragene Rede der Patientin ruhig an. Sie ist keineswegs verstimmt darüber, daß die Frau so freimütig bekennt, von der Geistheilung wenig zu halten. Die gebürtige Engländerin mit dem weißen, sehr sorgfältig gelegten Haar lächelt, dann fängt sie an zu beten: »Herr, nimm alles Böse von uns fort und umhülle uns beide mit Deinem großen Licht und Deiner Liebe. Wir danken Dir. Amen.« Dann legt sie ihre Hände auf das offene Bein der Patientin.

Diese Szene liegt etwa ein Jahr zurück. Heute sagt Beryl Frei-Warburg: »Die Frau ist vier- oder fünfmal zu mir gekommen. Dann war das Bein fast geheilt. Aber nicht ich war es, die der Frau helfen konnte, es war die große Kraft Gottes, die durch mich auf sie überging. Ich bin nichts weiter als ein Kanal dieser Kraft.«

Die Heilerin versteht sich als Medium. »Das ist im esoterischen Sinn jemand, der als Verbindungsglied zwischen der Welt des Sichtbaren und der Welt des Unsichtbaren wirkt. Es gibt verschiedene Arten von Medialität. Die wohl bekanntesten sind das Hellsehen, Hellhören, Hellfühlen und auch die Trance. Ich habe mich mehr und mehr auf das Hellhören spezialisiert. Es sind meine Geisthelfer, die ich mit meinem inneren, geistigen Ohr höre. Übrigens hat jeder Mensch diese Geisthelfer, nur achten die wenigsten darauf. Sie haben es einfach verlernt, in sich hineinzuhören.«

Beryl Frei-Warburg sagt auch von sich, daß sie selbst viele Jahre den Wunsch hatte, ihren Mitmenschen zu helfen. »Ich habe das erst sehr spät und über Umwege begriffen. Sicher, ich habe mich sehr lange mit geistigen Dingen befaßt, aber das hatte nichts mit Heilen zu tun. Ich habe mich zum Beispiel lange Zeit mit Ufos beschäftigt, habe mich mit diesen Dingen aber dann nicht mehr befaßt und mich der Parapsychologie zugewandt. Ich habe unendlich viele Vorträge gehört und Seminare besucht. Allmählich wurde mir dann aber bewußt, daß meine Aufgabe auf einem ganz anderen Gebiet liegt. Es ist die Liebe zu meinen Mitmenschen und der Wunsch, zu helfen und zu dienen.«

Daß sie wirklich helfen und heilen kann, erfuhr Beryl Frei-Warburg vor Jahren, als sie ihren Sohn in Kanada besuchte. Sie erinnert sich: »Der Koch, der in dem Schweizer Restaurant meines Sohnes beschäftigt war, litt unter starken Rückenschmerzen. Es war ein baumlanger Kerl. Ich sagte ihm, er solle sich bäuchlings auf den Boden legen. Dann legte ich meine Hände über die schmerzende Stelle an seinem Rücken und betete innig still für mich. Das dauerte etwa eine Viertelstunde. Der Mann stand auf und sah mich völlig verblüfft an – seine Schmerzen waren wie weggezaubert. Als ich Jahre später wieder einmal nach Kanada kam, suchte mich der Koch sofort auf und erklärte mir überglücklich, daß er von jenem Tag an nie wieder auch nur den leisesten Schmerz im Rücken gespürt habe.«

Damals begann Beryl Frei-Warburg mit ihrem inneren geistigen Ohr zu hören. »Es wurde mir geradezu zur Pflicht, mich darin zu üben, auf diese innere Stimme zu achten. Diese innere Stimme gehört dem Geisthelfer, der meistens ein ehemaliger Erdenbürger im Jenseits ist. Er ist jedoch in jedem Fall auf einer höheren Stufe als das Medium selbst.«

Egal, woher diese Kraft, woher diese innere Stimme kommt. Tatsache ist, daß die inzwischen Achtzigjährige, die aussieht wie Anfang sechzig, schon sehr vielen Menschen hat helfen können. Sie ist international bekannt. Es kommen sogar Kranke aus Amerika zu ihr. Sie haben volles Vertrauen zu der Frau, die über ihre Lebensaufgabe sagt: »Ich will meine mediale und hellhörende Begabung so anwenden, daß die Patienten den Weg zu dem in ihnen wohnenden Schöpfer finden.«

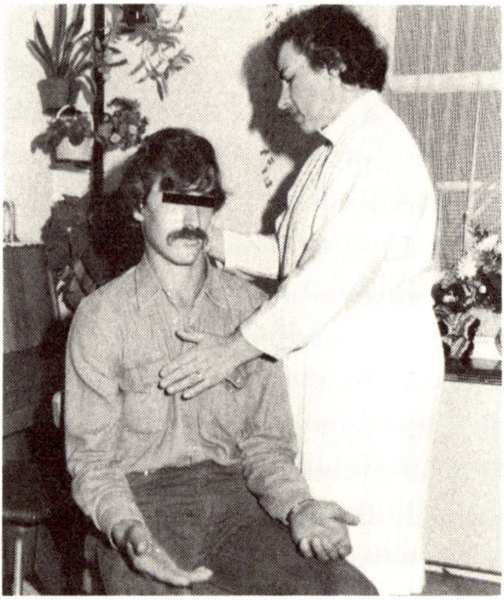

Mina Beckmann

In einer Sackgasse zwischen Weinbergen und Obstgärten eines kleinen Winzerstädtchens im Aargau liegt etwas unterhalb der Straße ein unauffälliges zweistöckiges Haus. Hier wohnt Mina Beckmann, eine nicht nur in der Schweiz bekannte Heilerin. Mir öffnet eine etwa fünfzigjährige dunkelhaarige Frau, die Vitalität und Güte ausstrahlt. Wir treten ein, und ein ganz intensiver Duft nach Äpfeln empfängt mich. In der Küche steht ein Korb voller Äpfel. Es ist spät am Abend, und in der schlicht eingerichteten Wohnung brennen einige Kerzen.

Mina Beckmann bittet mich, Platz zu nehmen. Mitten im Zimmer auf einem Stuhl sitzt ein junger Mann. Der Achtzehnjährige ist Epileptiker. Mina Beckmann erklärt, daß ich bei der Behandlung nicht stören werde. Auch der junge Mann hat nichts dagegen, daß wir anwesend sind während der Behandlung. Er sagt: »Ich weiß, daß mir geholfen werden kann. Wenn Frau Beckmann Heilkraft überträgt, werde ich alles vergessen um mich herum – auch daß Sie hier sind.«

So werd ich Zeuge von dem, was viele Ärzte und Naturwissenschaftler nicht verstehen können.

Der junge Mann sitzt auf einem Stuhl, schließt die Augen und hält die Handflächen nach außen. Die Heilerin stellt sich hinter ihn und betet: »Lieber Vater, sei Du bei uns, gib uns Deine Kraft und Liebe, hülle uns ein in Dein Licht und segne uns.«

Dabei legt sie die Hände an den Nacken des jungen Mannes und beginnt dann langsam über Wirbelsäule, Schultern, Arme, Hände und Beine zu streichen, vom Kopf bis zu den Füßen. Sie verharrt manchmal und spricht leise und beruhigend auf ihn ein. Abschließend nimmt sie seine Füße so lange in ihre Hände, bis der ganze Körper bis zum Kopf von einer wohltuenden Wärme durchströmt ist.

Mina Beckmann sagte danach: »Alle Heilkraft, die Gott durch mich hindurchfließen ließ, habe ich weitergegeben.« An jenem Abend war der Ausgang der Behandlung noch ungewiß, doch eine Woche nach meinem Besuch erfuhr ich, daß der junge Mann bereits eine Besserung verspürte.

Mina Beckmann kann diese durch sie hindurchströmende Kraft selbst nicht erklären. »Ich habe sie eigentlich nur entdeckt, weil immer wieder Menschen zu mir sagten: ›Leg doch bitte mal deine Hände auf‹, und sie sich danach irgendwie erleichtert, fast befreit gefühlt hatten.« Nach einer Pause sagt sie weiter: »Da war eine Frau, das liegt etwa sieben bis acht Jahre zurück, die war völlig davon überzeugt, daß ich heilende Hände habe. Irgendwie dachte ich: Die Frau muß sich irren, das kann einfach nicht stimmen. Aber dann sagte ich mir, na ja, ich will ihr den Gefallen tun. Die Frau litt unter rheumatischen Beschwerden in den Knien und konnte ohne Stöcke nicht gehen. Als ich meine Hände auflegte, meinte sie: ›Es wird wunderschön warm.‹ Obwohl diese Frau seither keine Schmerzmittel mehr nimmt, auch keine Spritzen mehr, sondern ihre Knie nur noch mit einem ganz billigen, uralten Hausmittel einreibt, ist sie bis heute schmerzfrei, geht ohne Stöcke ihrer Arbeit nach und fühlt sich wohl.«

Mina Beckmann ist gelernte Industriekauffrau. Sie wechselte später in die Datenverarbeitung. Zwischen Computern und Haushalt hatte sie jenes erste bewußte Heilerlebnis. Heute sagt sie: »Das Heilen lasse ich auf mich zukommen. Ob dies meine Lebensaufgabe wird, habe ich in Gottes Hand gelegt.«

Was mir aufgefallen ist: Alle echten spirituellen Heiler haben eigentlich ein recht schweres Leben hinter sich. Sie haben sehr viel Leid durchstehen müssen. Ich weiß – auch aus eigenem Erleben – das sind Prüfungen, die man bestehen muß. Es gibt immer zwei grundverschiedene Wege: Man kann sich verhärten und verbittert seinen Lebensweg gehen oder sein Schicksal annehmen und mit Verzeihen und Liebe antworten. Nur auf diese Weise kann Gottes Liebe und Heilkraft wie durch einen Kanal durch uns hindurchfließen, und wir können sein Bodenpersonal sein.«

Überzeugt von dieser Heilkraft, ist Mina Beckmann heute auch bereit, fernzuheilen. »Aus der Bundesrepublik erreichte mich einmal spät abends ein Anruf zutiefst besorgter Eltern. Sie wohnen in Karlsruhe. Ihr gerade ein halbes Jahr altes Kind litt unter dieser Umweltkrankheit Pseudo-Krupp. Die Mutter erklärte mir, daß der kleine Junge vom Kinderarzt Cortison verordnet bekam. Ich nannte ihr ein paar ganz einfache Hausmittel zur ersten Beruhigung. In der Nacht konzentrierte ich mich auf diesen Jungen, ohne daß ich sein Foto gesehen hatte. Sein Leid ging mir so zu Herzen, daß ich eine Woche lang Nacht für Nacht meine Gedanken auf den kleinen Lars richtete.« Einige Wochen später rief die Mutter wieder an und berichtete: »Der Kleine ist völlig beschwerdefrei, er braucht keine Medikamente mehr; es ist wie ein Wunder.«

Seither ist mehr als ein Jahr vergangen. Das Cortison wurde nicht mehr benötigt, und der kleine Lars hat keine Anzeichen der Krankheit mehr. Auch besonders bei Wirbelsäulenproblemen, Kopfschmerzen und vor allem nervösen Störungen (Prüfungsangst und ähnlichem) konnte durch Mina Beckmann oft geholfen werden.

Ganz besonders widmet sich die Heilerin den Suchtproblemen, vor allem Nikotin- und Alkoholmißbrauch. »Wenn ich solche Menschen zu heilen versuche, sind einige Helfer um mich. Es sind Helfer aus dem Jenseits, die während ihres Lebens mit einer Sucht zu kämpfen hatten und mir nun die Wege weisen, wie ich hier die eigenen Bemühungen der Leute, von ihrem Leiden loszukommen, hilfreich unterstützen kann.«

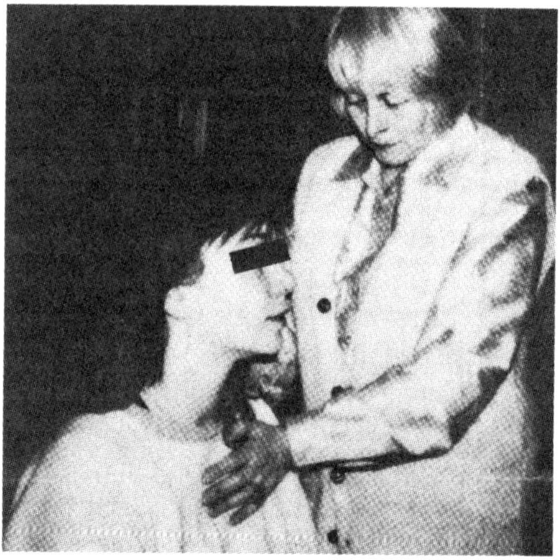

Elsa Scheidegger

»Ich war bestimmt kein Wunderkind; ich habe eine ganz normale Entwicklung durchgemacht, die mich schließlich sogar in ein Büro führte. Dort habe ich zwar mein Geld verdient, aber ich fühlte mich zugleich eingesperrt. Eines wollte ich immer: anderen Menschen helfen. Aus diesem inneren Drang heraus habe ich mich an mehrere Wohltätigkeitsorganisationen gewandt, doch die Antwort war immer negativ. Ich war weder Krankenschwester noch Ärztin noch Lehrerin. Aber der Wunsch zu helfen ließ mich nicht mehr los. So besuchte ich mehrere Massage- und Psychologiekurse. Es war immer noch nicht das Richtige. Eine Freundin riet mir dann, ein Medium zu besuchen. So kam ich zu einer lebensberatenden Sitzung bei einem englischen Medium. Dieser Mann sagte mir am Ende der Sitzung: ›Wissen Sie eigentlich, daß Sie eine Heilerin sind?‹ Ich traute kaum meinen Ohren. Ich habe nicht einmal gewußt, was eine Geistheilerin eigentlich ist.«

Die Frau, die das sagt, ist Elsa Scheidegger aus Bern. Und was sie sich gar nicht vorstellen konnte, das ist sie heute: eine Geistheilerin mit ganz ungewöhnlichen Erfolgen. »Irgendwie ging ich damals nach der Begegnung mit diesem Medium in England enttäuscht nach Bern zurück. Ich hatte ganz lapidar einfach das Gefühl, der Mann wolle nur seine Kasse auffüllen. In Bern kamen dann Bekannte und Verwandte zu mir, die sich ganz einfach massieren lassen wollten. Mal war das Knie nicht in Ordnung, mal der Rücken, mal die Arme. Intuitiv tat ich neben der Massage etwas ganz anderes: Ich betete, daß das Knie wieder gut werde, daß die Schmerzen aus dem Rücken weichen mögen und anderes. Es dauerte nicht lange, und die Behandelten kamen zu mir zurück und sagten: ›Was haben Sie eigentlich das letzte Mal mit mir gemacht? Ich habe überhaupt keine Beschwerden mehr!‹ Da wurde mir mit einem Schlag bewußt, daß der Mann in England wirklich recht hatte.«

Frau Scheidegger begann sich nun mit dem für sie noch völlig unfaßbaren Begriff der Geistheilung auseinanderzusetzen. Sie sammelte Material, las viele einschlägige Bücher und reiste schließlich zu den Geistheilern auf die Philippinen. Auf der Insel Luzon wollte sie sich von der Glaubwürdigkeit der sogenannten Logurgie überzeugen, der Operation mit bloßen Händen. Über ihre dortigen Erlebnisse sagt sie: »Ich wurde von den einheimischen Heilern dazu eingeladen, an Behandlungen teilzunehmen und auch mitzuwirken. Ich habe mit eigenen Augen gesehen, wie die Heiler Körper öffnen. Was sie aus den Körpern der Patienten herausnehmen, sind oft die unmöglichsten Dinge: Stroh, unbestimmbare Gebilde, Steine, ja sogar Nägel. Dabei, und das wurde mir sofort bewußt, handelte es sich um eine Materialisation der Krankheit. Leidet ein Patient zum Beispiel an Gallensteinen, werden ihm aus der Leberregion so etwas wie Gallensteine herausgenommen.

Läßt sich der Patient nach erfolgter Behandlung röntgen, so befinden sich die Gallensteine oft immer noch in der Gallenblase. Aber er hat kaum noch Beschwerden. Bei einer Untersuchung einige Wochen oder auch Monate später hat er die Chance, daß die wirklichen Gallensteine tatsächlich verschwunden, entmaterialisiert sind.«

»Dieses Erlebnis – es kamen viele andere dazu – hat mich in eine neue Dimension des Denkens gebracht. Heute weiß ich, daß ein Heiler auch dann helfen muß, wenn alle anderen finden, daß es überhaupt keinen Sinn hat, denn es liegt ja nicht bei uns, ob nun ein Leben beendet wird; es liegt bei Gott. Deshalb brauche ich auch das Gebet; ich will mich ganz in den Dienst der höheren Kraft stellen. Nach meinen bisherigen Erfahrungen weiß ich, daß jeder, der sich einer Heilbehandlung unterzieht, auch durch einen ganz besonderen inneren Prozeß geht, weil er sich irgendwie wandelt.«

»Dabei ist es gar nicht wichtig, daß der Patient selbst an Gott glaubt. Natürlich hilft es, wenn er glaubt; es ist für den Heiler einfacher, und er braucht weniger Kraft. Aber es ist einfach nicht wahr, daß es nur auf den Glauben ankommt. Geistheilung ist, und das kann ich heute mit Siegel unterschreiben, eine den Menschen gegebene Schwingung. Es ist wie eine Bewegung, die – einem Laserstrahl gleich – durch alle Wände dringt, ganz gleich, ob man nun daran glaubt oder nicht. Deshalb ist es für mich auch sehr einfach, Tiere oder ganz besonders Kinder zu behandeln.«

So brachten die Eltern eines elfjährigen Jungen, der an einem Kopftumor litt, ihr Kind zu der Berner Geistheilerin. Der Operationstermin war bereits vorgesehen, denn operiert werden mußte, da die Ärzte nicht wußten, ob dieser Tumor bösartig oder aber harmlos war. Die Operation war deshalb um so erforderlicher, als der Tumor an einer gefährlichen Stelle saß.

»Zufälligerweise hatten die Eltern von mir gehört und waren mit ihrem Jungen bei mir erschienen. Ich sah mir das Kind genau an und erklärte dann den erleichterten Eltern, daß sie ihren Sohn nicht operieren lassen sollten. Ich habe für dieses Kind gebetet. Bei der nächsten Kontrolluntersuchung, kurz vor dem angesetzten Operationstermin, mußten die Ärzte zu ihrer Verblüffung feststellen, daß nichts mehr zu finden war. Sie haben den Jungen einen ganzen Tag untersucht. Das einzige, was sie fanden, war eine kleine Stelle, so, als hätte sich etwas eingekapselt. Der Junge fühlte sich pudelwohl; er hatte keine Gleichgewichtsstörungen und keine Beschwerden mehr. Die Ärzte haben ihn dann – von einem Wunder sprechend – wieder nach Hause geschickt. Seit drei Jahren geht der Junge alle sechs Monate wieder zu einer Kontrolluntersuchung. Bis heute war nichts mehr zu finden.«

In einem anderen Fall sollte ein sechzehnjähriges Mädchen wegen einer Zyste im Unterleib sofort operiert werden. Das Mädchen hatte schon ein Jahr vorher wegen einer anderen Geschichte Operationen über sich ergehen lassen müssen und war nun in Panik wegen des neuen Eingriffs. »Die Eltern wandten sich an mich und kamen dann auch mit dem Mädchen zu mir. Die Kleine konnte vor Schmerzen kaum noch stehen, sitzen oder liegen. Ich habe den Eltern, wie auch sonst immer, gesagt, daß ich nichts versprechen könne. Ich wisse nicht, wie rasch das Mädchen reagiere. Ich wisse auch nicht, wie schnell die Schmerzen vorübergehen würden, ich könne nicht sagen, was passieren würde. Also bat ich die Eltern, mit den Ärzten weiter in Verbindung zu bleiben, zugleich mit dem Hinweis, daß bei dem Mädchen von einer Stunde auf die andere ein Notfall eintreten könnte. Die im Spital zuständige Oberärztin zeigte Verständnis. Nach meiner Behandlung des Mädchens warteten wir; und siehe da, die Schmerzen wurden erträglich. Das Mädchen konnte wieder besser sitzen, gehen und liegen. Es mußte nicht als Notfall ins Spital eingeliefert werden. Vierzehn Tage später war eine Ultraschall-Untersuchung vorgesehen. Bei dieser Kontrolle hat sich dann gezeigt, daß sich die Zyste merklich verkleinert hatte. Ich habe das Mädchen weiter behandelt, und nach ungefähr drei oder vier Monaten war bei einer erneuten Kontrolle nichts mehr zu finden. Die Ärzte standen vor einem Rätsel.«

Für Elsa Scheidegger ist das ein Prozeß, den sie als Umarbeitung des Schmerzes bezeichnet. Der Schmerz werde nicht einfach »weggezaubert«, er werde nur gesund gemacht. Das aber sei kein ad-hoc-Vorgang, sondern er brauche seine Zeit. Dieser Vorgang setze manchmal auch Liebe vom Patienten zu irgendeiner Person, die er noch haßt, voraus. Zu ihrer Heilmethode sagt Elsa Scheidegger: »Bei der Behandlung fühle ich an meinem eigenen Körper, was bei dem Patienten nicht in Ordnung ist. Ich sehe genau die Punkte leuchten, wo die Schwingung nicht richtig ist. Genau an diesen Punkten setze ich – wenn man so will – geistige Spritzen an. Wenn ich das zum Beispiel am Rükken eines Kranken gemacht habe, so ist es schon vorgekommen, daß dieser zusammenzuckte, sich umdrehte und fragte, ob ich tatsächlich mit einer Nadel zugestochen hätte. Manchmal sagt mir die Intuition auch, daß ich an gewissen Punkten Akupunkturnadeln stecken müsse – es sind natürlich geistige Nadeln.

Manchmal leuchtet es auch besonders stark. Dann weiß ich: Da muß ich etwas aus dem Astralleib herausnehmen. Das heißt, ich muß operieren, ohne dabei den Körper zu öffnen. Die Patienten sagen dann manchmal hinterher: ›Was haben Sie eigentlich dort herausgezerrt? Das hat mich so gerissen.‹ Die Intuition sagt mir dann nur, daß ich dort viel Schmerz herausgenommen habe.«

Diese Intuition könnte man auch als Röntgenblick bezeichnen. Die Berner Geistheilerin erklärt auch klar, daß sie ohne technischen Aufwand Röntgenaufnahmen von einem Patienten machen könne. Sie sagt mir genau, wie sie das macht: »Ich brauche dazu nur ein Stück Papier und ein bißchen Öl, das ich auf der Körperstelle des Patienten verstreiche. Dann lege ich das Papier auf diese Stelle, ein Tuch darüber und halte meine Hände auf diesen Punkt. Das weitere ist ein Gebet. Was dann geschieht, ist genau das, was auch eine Röntgenaufnahme macht. Es zeichnen sich ganz deutliche Konturen auf dem Papier ab. Ich gehe damit ans Fenster und zeichne dann die gewonnenen Umrisse nach. Die Ärzte haben mir immer bestätigt, daß ihre Röntgenaufnahmen mit meinem Zeichenbild völlig übereinstimmen würden. Diese Diagnose mache ich allerdings nicht oft, denn sie ermüdet mich ungeheuer. Das ist eine andere Strahlung, die mich völlig erschöpft.«

Ihre außerordentlichen Erfolge erklärt die Berner Geistheilerin mit dem Satz eines Indianers: »Ein guter Heiler ist nur einer, der selbst schon alle Krankheiten gehabt hat.« Diesen Satz erweitert sie: »Das ist natürlich symbolisch gemeint. Es geht darauf hinaus, daß jeder Heiler wohl alle seelischen Zustände durchgemacht haben muß, wenn er wirklich heilen will.«

Lili Albertini

»Ich hatte das Gefühl, daß etwas von mir weggezogen wird. Danach wurde mir warm und wohlig. Und gleich ließen die Kopfschmerzen nach«, erzählt Susanne F., eine siebenunddreißigjährige Angestellte in der Schweizer Kleinstadt Sarnen, nahe dem Berner Oberland.

Bei meinem Kontrollanruf klingt Susannes Stimme munter. Sie hatte lange unter stechendem Kopfschmerz gelitten, doch dann fand sie Heilung an einem ziemlich ungewöhnlichen Ort: in einem Frisiersalon beim Haareschneiden. Dort ist noch mehr geschehen, was staunen macht…

Niemand hatte die junge Frau von den Kopfschmerzen befreien können. Trotz eingehender Untersuchungen wußten Ärzte keinen Rat, und alle verordneten Medikamente hatten Nebenwirkungen.

Zufällig ließ sich Susanne F. die Haare im Salon von Lili Albertini schneiden. Die Friseuse sah Susanne sofort an, daß sie Schmerzen hatte. In einem eingehenden Gespräch erzählte Susanne ihre Leidensgeschichte.

Lili Albertini fühlte, daß sie der Frau helfen konnte. Sie legte ihre Hände auf Susannes Kopf – bei der nun das merkwürdige Gefühl entstand, als werde der Schmerz von ihr weggezogen – und die Wirkung hält bis heute an.

»Die Schmerzen sind nicht wiedergekehrt«, sagt Susanne. »Es ist wie ein Wunder. Wo ich doch vorher so verzweifelt war.« Heute wirkt sie wie das blühende Leben und ist wieder richtig unternehmungslustig.

Ich habe noch einen zweiten Fall – den von Barbara G. aus derselben Stadt – überprüft. Sie geht und läuft wie jede andere Frau ohne Beschwerden. Das war allerdings nicht immer so.

Barbara: »Ich hatte im Knie lange Zeit starke Schmerzen, konnte kaum noch Treppen steigen. Die Ärzte waren hilflos, sie fanden nichts. Man gab mir Schmerztabletten, ich mußte Salben ausprobieren. Nichts änderte sich.« Bis sie in den Salon von Lili Albertini kam.

»Schon nach der ersten Behandlung waren die Schmerzen weg und sind nicht zurückgekommen. Meinem Arzt war das ein Rätsel.«

Wer ist diese Lili Albertini? Das ist kein gewöhnlicher Friseurladen, in dem sie in Sarnen arbeitet. Lili lebt in einem hübschen alten, verwinkelten Häuschen. Im Erdgeschoß ist der Friseursalon. Zwischen Kunden, Geräten und Gehilfen steht – gütig, aber dominierend – Lili Albertini. Sie ist eine freundliche Frau in den Vierzigern.

Über enge Treppen steigen wir in den ersten Stock. Überall gepflegte Unordnung. Eine Perserkatze streicht uns um die Beine.

Auf welche Weise heilt die Friseurin die Menschen, die mit einem Leiden zu ihr kommen?

Zunächst nimmt sie die Hände des Patienten zwischen ihre Hände und schweigt ein paar Minuten. »Ich muß erst einmal Kontakt zu dem anderen finden. Ich fühle mich in ihn hinein, spüre Positives und Negatives. Beispielsweise kann ich fühlen, ob er einsam ist. Dann zieht es meine Hände zu jenen Punkten seines Körpers, an denen die Krankheit sitzt.

Von den kranken Partien geht Kälte aus, zumindest für mich. Beim Behandeln bete ich sehr intensiv. Dann spüre ich, wie meine Hände ganz heiß werden und wie die Hitze auf den Patienten überströmt. Manchmal fühle ich selbst die Schmerzen des anderen. Aber sie verschwinden, sobald wir darüber sprechen.«

Lili hatte schon als kleines Mädchen gemerkt, daß von ihr etwas Beruhigendes ausging. Nachbarskinder und Klassenkameraden kamen immer zu ihr, um sich bei ihren Wehwehchen trösten zu lassen. Doch ihre wirklichen Fähigkeiten entdeckte sie erst vor ein paar Jahren nach einem Besuch bei einer Hellseherin. »Ich soll, ich kann heilen, hat die mir gesagt...«

In ihren Händen, das fühlte sie plötzlich, steckten merkwürdige Kräfte. Der Friseuralltag ging zunächst weiter – nur kamen jetzt immer häufiger Kunden, die sich den Kopf massieren lassen wollten. Das tat ihnen gut, denn Lili Albertinis Hände massierten die Schmerzen fort.

Erst ging es nur um Kopfschmerzen und allgemeines Unwohlsein. All das war plötzlich wie weggeblasen. Für viele Kundinnen war die Sitzung im Friseurstuhl einfach auf geheimnisvolle Weise erholsam, ja geradezu erfrischend.

Eines Tages kam eine Kundin auf Krücken. Sie hatte heftige Schmerzen in den Beinen und darum Schwierigkeiten beim Gehen. Instinktiv strich Lili mit ihren Händen über die Beine, die Kundin empfand dies als Linderung. Sie kam wieder. Nach der dritten Behandlung verabschiedete sie sich dankbar, kehrte jedoch in der Tür um. Sie hatte ihre Krücken vergessen – und brauchte künftig keine mehr.

Solche Erfolge sprachen sich schnell herum. Dennoch wird Lili Albertini vorläufig weiterarbeiten, zumindest bis ihre Lehrlinge die Ausbildung abgeschlossen haben. Inzwischen hcilt sie in der Höhenluft – 1000 Meter hoch in ihrem Bauernhaus in den Bergen. Beim Gespräch lacht sie übrigens gern. Zwischendurch sagt sie einen Satz, der ihr Wesen kennzeichnet: »Heilen soll doch auch fröhlich machen, oder?«

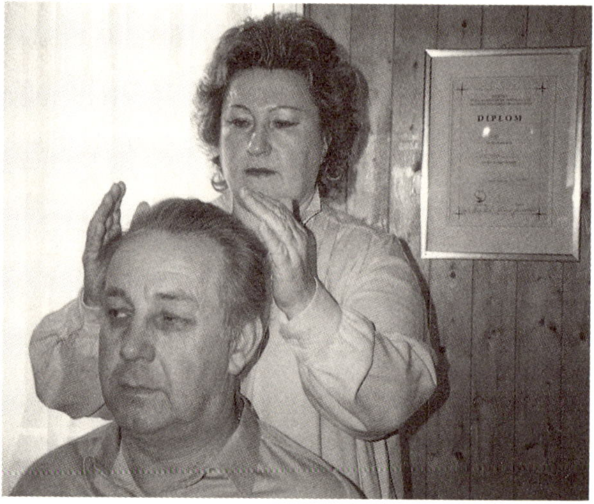

Katy Breitschmid

Wie ein Geheimtip wird unter Kranken ihr Name gehandelt: Katy Breitschmid ist eine besonders begabte Geistheilerin, die schon in vielen Fällen helfen konnte, in denen andere Behandlungsmethoden versagten.

Die Patienten treffen sich in ihrer in den Grundfarben Blau und Gold gehaltenen Praxis in Reinach bei Basel. »Die Farben haben ihren besonderen Grund, denn sie wirken auf die Psyche sehr beruhigend«, sagt sie. Sie ist klein, etwas mollig, blond und hat grau-blaue Augen. Nebenbei beschäftigt sie sich mit den Altägyptern und deren Heilmethoden. Ihr besonderes Kennzeichen: eine Unmenge von tiefausgeprägten Linien an den Handinnenflächen, die einmal schon eine Handleserin zur Verzweiflung brachten. »Wie soll ich mich bei diesen vielen Linien noch auskennen«, hatte die Zukunftsdeuterin gestöhnt.

Katy Breitschmid heilt mit diesen Händen. Heute, nach unzähligen Erfolgen, weiß sie, »daß ich die Gabe des Heilens mit auf den Weg bekommen habe.« Dessen bewußt ist sie sich eigentlich nur wider Willen geworden. Sie erinnert sich: »Vor fünf Jahren hat mich ein Schicksalsschlag schwer getroffen, über den ich heute nichts mehr sagen möchte. Ich fühlte mich seelisch völlig zerstört und bin dann, als ich nicht mehr weiter wußte, zu einem berühmten Medium nach England gereist. Ich dachte, daß mir diese Frau helfen könne und erfuhr dann eine große Enttäuschung. Die Engländerin sagte mir, sie könne mir nicht so ohne weiteres helfen, denn ich hätte selbst die Fähigkeit des Heilens und sollte diese auch nutzen.«

Ihr Schlüsselerlebnis hatte Katy Breitschmid, als ein berühmter Heiler aus New York in der Schweiz Seminare über magische Kräfte abhielt, wobei er den Umgang mit der kosmischen Energie lehrte. »Ich erinnerte mich an jenes Medium in England und entschloß mich, eigentlich gegen ein inneres Sträuben, an einem der Lehrgänge teilzunehmen. Es waren sehr viele Leute um den berühmten Amerikaner, die sich schon mit Heilen befaßt hatten. Ich kam mir sehr deplaziert vor. Aber dann sagte ich mir: Wenn ich schon einmal hier bin, dann halte ich auch durch. Zum Schluß sollten die Teilnehmer gegenseitig aufeinander einwirken. Ganz in meiner Nähe saß eine Frau, die Probleme mit der Verdauung und zudem noch Schmerzen in den Knien hatte. Sie fragte mich, ob ich es bei ihr versuchen wolle. Erst wehrte ich ab, da ich mir selbst so etwas nicht zutraute. Aber dann habe ich doch mit den Händen über sie gestrichen. Die Stelle, an denen sie Schmerzen hatte, fühlte sich sehr kalt an. Als ich zwei- oder dreimal darüber gefahren war, hatte sie keine Schmerzen mehr. Ich wollte das selbst nicht glauben. Und doch war das mein erstes Heilerlebnis.«

Heute kann sie von vielen genauso erfolgreichen Fällen erzählen. Auch davon, daß sie am Anfang immer noch Hemmungen hatte. Natürlich hatte sich ihre Fähigkeit zu heilen in ihrem sehr großen Bekanntenkreis herumgesprochen. Eines Tages rief eine Frau aus dem Elsaß an und bat Katy Breitschmid, ihrem Schwager zu helfen, der ein offenes Bein hatte. Und das seit acht Jahren.

»Ich war erst erschrocken, weil ich mir dachte, daß ich diesem Mann bestimmt nicht helfen könne. Dann aber dachte ich wieder an diese Engländerin und sagte der Frau, daß ihr Schwager mich besuchen könne. Der Mann war dann zweimal bei mir. Das Bein heilte zu und ist seit sieben Jahren nicht mehr aufgebrochen.«

Kurz danach entdeckte Kathy Breitschmid auch, daß sie die Fähigkeit des Fernheilens hat. Eine Bekannte rief sie vom Urlaub aus Italien an, da sie unter einer schrecklichen Sonnenallergie litt, gegen die keine Medikamente mehr halfen. »Ich habe mich voll auf diese Frau konzentriert und mir dabei vorgestellt, daß ihre Haut wieder vollkommen sauber ist. Am nächsten Tag hat mich diese Bekannte jubelnd angerufen und mir glücklich berichtet, daß über Nacht ihre Beschwerden verschwunden sind.«

Katy Breitschmid bittet bei all ihren Behandlungen Gott um Schutz und Hilfe. »Meine Hände sind dann praktisch nicht mehr unter meiner Kontrolle. Ich verstehe mich nur als Werkzeug oder Kanal einer göttlichen Energie, denn mehr bin ich nicht.«

Bruno Michel

Bruno Michel im schweizerischen Herisau gehört bereits zur siebten Heilergeneration seiner Familie; sein Vater war der berühmte »Hermano«. Er ist der Bruder von Madeleine Elava-Riedel und Hermann Michel. Ohne sein fundiertes medizinisches und psychologisches Wissen, das er sich an Instituten und in Spitälern erworben hat, ist für Bruno Michel die Geistheilung undenkbar.

»Ich sehe meine Rolle in der familiengebundenen Begabung als Geistheiler mit starken Banden zur Ärzteschaft. In Manager-Seminaren wird gelehrt, daß es Siegertypen und demnach Besiegte gibt. Wer den Weg nach oben geht, wird zwangsläufig anderen den gleichen Weg versperren. Dieser Grundsatz, so wird jedenfalls behauptet, gelte für alle Berufsarten. Ich hingegen bin fest davon überzeugt, daß es noch eine dritte Gruppe gibt, die ohne eigenes Zutun in eine Position gehoben wird, wo sie intensiv gebraucht wird. Ich denke, das gilt für alle echten Heiler. Wir führen ein einfaches Leben, ohne Hetze, sind aber da, wenn zur Arbeit gerufen wird. Forschen, suchen, aber sich nie nach vorne drängen. Geduld und nochmals Geduld haben gehört zu meiner Lebenseinstellung.«

Im Laufe der vielen Jahre seiner Arbeit als Geistheiler haben sich bei Bruno Michel drei Gebiete besonders hervorgehoben:

Die Behandlung psychosomatischer Erkrankungen, die Behandlung von Süchtigen und schießlich die Beeinflussung von negativen Zuständen durch meditativen Kontakt zum Empfänger.

Zur Behandlung von psychosomatischen Erkrankungen führte der Schweizer Geistheiler aus: »Diese Leiden behandle ich in meiner Praxis. Die Behandlungszeit ist nicht in Minuten oder Viertelstunden eingeteilt; eine Sitzung kann lange oder nur ganz kurz dauern, je nach Bedürfnis des Patienten. Es gibt also keine Fließbandarbeit. Das Geistheilen besteht aus zwei verschiedenen Komponenten: zum einen meine Hände. Ich berühre den Patienten an bestimmten Punkten und lasse dieses ›Michel-Phänomen‹, wie es oft genannt wird, wirken. Dabei wird von den Kranken meist eine feine, zarte Vibration oder ein plötzliches Aufkommen von Wärme empfunden. Zum zweiten versetze ich mich in einen Meditationszustand, der es mir ermöglicht, mit dem Kranken auf einer von ihm beeinflußbaren Ebene zu kommunizieren. Dabei gebe ich Energie ab und bringe den Menschen in die Lage, meine Hilfe zur Möglichkeit der Selbsthilfe umzufunktionieren.

Dieser Behandlung gehen Gespräche voraus, die die Angst abbauen sollen, die Kranken meist eigen ist. Mein Heilen soll als Lebenshilfe verstanden sein, die kritisch verarbeitet werden muß. Die Palette des erfolgreich Behandelbaren reicht auf diesem Gebiet von nervösen Spannungszuständen, depressiven Verstimmungen, Streß,

Schlaflosigkeit, Migräne, allgemeinen Schmerzzuständen, Rückenschmerzen bis zur vegetativen Dystonie – Erkrankungen, die vom Arzt abgeklärt und deren Ursprünge als psychisch bedingt anerkannt wurden. Eine Verbesserung des Zustands beim einzelnen Patienten stellt sich meist nach zwei bis drei Sitzungen ein. Totale Erfolge verspreche ich nicht, das tut kein seriöser Geistheiler.«

Vater Hermann Michel hatte seine Praxis als Autodidakt aufgebaut. Sein Wissen und seine Beobachtungsgabe haben ihn neue Formen der Behandlung von Suchtkranken finden lassen. So fiel ihm zum Beispiel auf, daß Migräne-Patienten häufig angaben, spontan auf das Rauchen verzichtet zu haben. Daraus entwickelte er eine spezielle Raucherbehandlung.

Dr. Mario Gmür bestätigte in seiner Dissertation diese sehr guten Resultate und beschrieb sie nach einer Beobachtungszeit von fünf Jahren bei einer Gruppe von rund sechshundert behandelten Personen als die am meisten effiziente aller bekannten Entwöhnungsmethoden. Hermann Michel arbeitete bald weltweit mit dieser Methode. Dafür sorgte schon die Mundpropaganda.

»Seine Arbeit habe ich schon vor seinem Tod übernommen und noch weiter verfeinert«, sagt Bruno Michel. »Sie enthält als erstes eine gründliche Information in Form eines Vortrags mit anschließendem Gruppengespräch und einer Einzelbehandlung, wobei der Zwang, rauchen zu müssen, von mir blockiert wird. Diese Meetings führe ich seit vielen Jahren in mehreren Ländern durch.

Bei den behandelten Süchten möchte ich besonders die Freßsucht hervorheben, ein Übel, unter dem nicht nur Frauen leiden. Der Vorgang ist der gleiche wie bei der Raucherentwöhnung; die Behandlung ist jedoch modifiziert. Jahrelanges experimentelles Arbeiten war erforderlich, um den heutigen Erfolg erzielen zu können. Nach mehrjährigen Studien ist meine heutige Vorbereitungs- und

Behandlungsart ganz darauf ausgerichtet, diesen Übergewichtigen möglichst in einer Sitzung zu helfen.«

Eine weitere Gruppe von Süchtigen, die der Schweizer Geistheiler behandelt, sind Alkoholiker. Hier allerdings, so Bruno Michel, sei der Erfolg beschränkt. Das liege wohl daran, daß viele Kranke sich zu spät zu einer Therapie entschließen. »Alkoholkranke betreue ich meist über Jahre und sehe sie in größeren Zeitabständen immer wieder. Gesprächstherapie und ›Michel-Phänomen‹ gehören da zusammen. Dabei hat es sich immer wieder gezeigt, daß bei dieser Behandlungsmethode den Kranken die Arbeitsstelle und auch die Familie erhalten werden kann. Wichtig ist allerdings, daß die Trinker in einem relativen Frühstadium ihrer Krankheit zu mir kommen. Wunder sind von mir nicht zu erwarten.«

Und noch eine Gruppe gehört zu den Patienten von Bruno Michel: die Magersüchtigen. Sie haben meist die Angewohnheit, normal oder sogar viel zu essen, um gleich darauf – oftmals von den Angehörigen über längere Zeit unbemerkt – in der Toilette wieder alles von sich zu geben. »In meiner Praxis wende ich hier die Methode der geistigen Blockade einer Sucht an. Damit habe ich sehr gute Erfolge erzielt. Nicht umsonst zeigt ein Institut einer Schweizer Universitätsklinik Interesse an einer Zusammenarbeit auf diesem Gebiet.«

Zur Behandlung von negativen Zuständen erklärte der Geistheiler: »Wichtig ist, daß alle Menschen positiven Einfluß auf ihre Umwelt nehmen können. Mit diesem positiven Einfluß wirkt der Heiler in erweitertem Sinne auf ihm bekannte oder auch unbekannte Menschen. Wenn da Ausdrücke wie Therapie oder Fernbehandlung fallen, so sind das die Namen für eine Sache, die in der Realität durchführbar, aber eben nicht logisch erklärbar ist. Zustände werden so beeinflußt, daß sie dem Empfänger dienen. Die Möglichkeit, daß ich vom Empfänger ›angezapft‹ werden kann, ist auch gegeben.«

Unter den von ihm geheilten psychosomatischen Krankheiten führte Bruno Michel folgende Fälle auf: Eine Frau litt jahrelang an nervösen Angstzuständen, die auch zur Schlaflosigkeit führten: Nach fünf Sitzungen kehrte der Schlaf zurück, und die Frau wurde bedeutend ruhiger. Ein Mann beklagte sich über nervös bedingte Asthma-Anfälle, die ihn schon jahrelang plagten: Einige Behandlungen führten zum totalen Verschwinden der Krankheitssymptome. Ein Gastarbeiter litt unter akuten Magenschmerzen. Gastroskopie und andere Untersuchungen in Krankenhäusern zeigten keine Ergebnisse. Ein Arzt schickte den Gastarbeiter zu dem Schweizer Geistheiler: Nach wenigen Sitzungen war der Patient schmerzfrei. Eine Schülerin zeigte starken Leistungsabfall in der Schule, hervorgerufen durch Konzentrationsschwäche: Nach nur drei Behandlungen war das Mädchen vom inneren Druck befreit. Ein Mann beklagte sich über Impotenz. Die Gesprächstherapie und gezielte Behandlungen durch Bruno Michel führten zum totalen Erfolg.

Bruno Michel berichtete von noch weiteren Fällen, denen allerdings unerklärbare Phänomene zugrunde liegen. So litt eine Frau an Leukämie. Ihr mußte unbedingt ein Zahn gezogen werden, doch wegen der Blutgerinnungsstörungen wäre dieser Eingriff lebensgefährlich gewesen. Michel nahm mit der Patientin einen intensiven meditativen Kontakt während der ärztlichen Behandlung auf. Bei der Operation kam es zu keiner Blutung. Die Professoren standen vor einem Rätsel.

In einem anderen Fall stand ein Schüler vor schwierigen Prüfungen. Die Mutter wollte ihrem Sohn die Angst nehmen und wandte sich an den Geistheiler. Dieser nahm über die Mutter meditativen Kontakt zu dem Kind auf: Es bestand die Prüfungen erfolgreich und ohne das gewohnte Angstgefühl.

Ein Mann litt unter starken Schmerzen im Rücken, die

es ihm schließlich unmöglich machten, einer Arbeit nachzugehen. Der Heiler nahm zu einem verabredeten Zeitpunkt über eine dritte Person Kontakt zu dem Mann auf, der von diesem Augenblick an schmerzfrei war.

Solche Fälle ließen sich beliebig fortsetzen. »Ich möchte noch etwas Wesentliches betonen. Das Wirkungsgebiet der Geistheiler ist sehr groß, hat aber trotzdem Grenzen. Diese Grenzen akzeptiere ich und mache sie meinen Besuchern bewußt. Ich weiß, daß meine Hilfe, so klein sie manchmal sein mag, für mein Gegenüber sehr viel, ja alles bedeuten kann«, sagt Bruno Michel, der übrigens keinerlei Dankschreiben aufbewahrt. »Ich beantworte sie, und danach kommen sie in den Reißwolf. Die Fälle sind damit für mich zum Wohle des Patienten beendet.«

Dr. Leonhard Hochenegg

Der junge Mann wagte nicht, mir seine Hand zu geben. Er zeigt sie nur. Die Haut auf den Handrücken ist aufgeplatzt. Sie ist eine einzige schwärende Wunde, Knochen schimmern durchs Fleisch. »Folgen einer Allergie« hatten Hautärzte gesagt. Der junge Mann – Student, zweiundzwanzig Jahre – bekam neben anderen Medikamenten auch Cortisonspritzen. Nichts half. Die Wunden wurden nur noch größer. Ich habe den jungen Mann wiedergesehen – und diesmal streckte er mir die Hände lächelnd entgegen. Die Wunden sind verheilt. Es fiel der Name des Arztes: Dr. Leonhard Hochenegg.

Ein zweites Mal wurde ich in Innsbruck mit dem Namen des Arztes und Heilers konfrontiert: Eine junge Türkin erklärte mir in gebrochenem Deutsch, daß ihr dreijähriger Bub kein Wort spricht. Aber sie hat den Eindruck, er versteht alles, was sie sagt. Jetzt liegt ein Brief auf meinem Tisch, von Mamo Mirsad, jener Türkin: »Für mich ist das große Wunder geschehen.« Der Bub hat zu ihr gesprochen – in Deutsch und in Türkisch.

Beide, der Student und die Türkin, kamen vom selben Wunderheiler – von einem Mann, der eher schüchtern und beinahe selbst hilfsbedürftig wirkt. Aber vor seinem Haus warten täglich Dutzende voller Hoffnung auf Hilfe. Er, der auch im Dschungel, auf den Philippinen, bei Urwaldzauberern die Zubereitung ihrer Tränke studiert hat und der ebenfalls als Wunderheiler gilt, ist dabei zugelassener, promovierter Arzt. Genauso selbstverständlich, wie er sich mit geheimnisvollen Dingen beschäftigt, setzt er auch Computer ein. Und das alles, wie sich aus Gesprächen mit seinen Patienten ergibt, mit meist unerklärlichem Erfolg. Dr. med. Leonhard Hochenegg hat seine Praxis in einem alten Haus der malerischen kleinen Stadt Hall bei Innsbruck. Auf dem Schild draußen steht: »Facharzt für Neurologie und Psychiatrie«.

Hier in Hall kennt ihn jedes Kind, hier ist er aufgewachsen, hier hat er zu studieren begonnen. Erst beschäftigte er sich mit Pharmakologie, Arzneimittelkunde. Er wurde Allgemeinmediziner, aber schloß noch ein Extrastudium – Seelenkunde und Geisteskrankheiten – an. Auf dem Umweg übers Ausland – als junger Arzt war er auch in der Schweiz tätig – kehrte er nach Innsbruck zurück und avancierte zum Oberarzt. Eine normale, gediegene Karriere. Bis er 1980 seine Stellung im Krankenhaus aufgab, sich selbständig machte und sehr rasch als Wunderheiler von Tirol bekannt wurde.

Was tut er so Wundersames? Ich habe zugesehen. Es fängt an wie in jeder normalen Praxis. Blutdruck. Blutuntersuchung. Patientenbefragung. Der Computer kommt hinzu – für eine uralte, chinesische Methode der Diagnose. Dr. Hochenegg sucht bestimmte Akupunkturpunkte an den Fingerkuppen und am Ohr. Allerdings sucht er sie mit einem Metallgriffel, mit dessen Hilfe er die Leitfähigkeit der Haut für Schwachstrom mißt. Die Akupunkturpunkte zeigen Schwachstellen im Körper an, und der Computer verwandelt sie in Zahlen. »1500« sagt der Computer beispielsweise, als der Arzt die Lungen eines Mannes mißt. »Kein Grund zur Sorge. Bei starken Rauchern steigt der Wert bis auf 5000. Sie haben sich offenbar schon vor ein paar Jahren die Zigaretten abgewöhnt, stimmts?« Es stimmt.

Dr. Hohenegg hat noch ein paar andere Untersuchungsmethoden – er tastet Akupunkturpunkte auch mit dem Laserstrahl ab, und er setzt Meßgeräte für Gehirnströme ein, auch zum Training des Gedächtnisses.

Aber er braucht die Geräte in vielen Fällen eigentlich nicht. Er setzt sie nur zur Sicherheit ein. »Oft spüre ich schon, was einem Patienten fehlt, wenn er nur zur Tür hereinkommt«, sagt Hochenegg später im Gespräch, als er ein bißchen aufgetaut ist. Jeder Mensch hat eine Aura, eine eigene Strahlung – und der Heiler spürt, wenn da ein Schatten ist.

Und wie behandelt er? Natürlich weiß er als Arzt, welche Medikamente einzusetzen sind. Aber er hat sich auch sehr viel mit Heilkräutern beschäftigt – mit denen in Tirol, aber auch mit der Kraft seltener Pflanzen in Asien. Dazu hat er sozusagen eine verwandtschaftliche Beziehung: Seine Frau stammt von den Philippinen, und ihr Vater ist Wunderheiler. Bei ihm lernte Hochenegg einiges über exotische Kräuter und Wurzeln. Er selbst, der Tiroler, hat auch auf den Philippinen praktiziert. »Wann immer es möglich ist, ziehe ich die Naturmedizin den üblichen Medikamenten vor«, sagt Hochenegg. »Als Arzt bin ich ja frei in der Wahl der Mittel – wenn es zum Wohl des Patienten ist.«

Aber das mit der Naturmedizin ist auch nur die halbe Wahrheit. Dr. Hochenegg heilt offenbar noch mit anderen Mitteln – mit seinen Händen. »Mir war, als wenn mich ein Stromstoß durchfährt«, sagte ein Alkoholkranker, den der

Arzt von seiner Sucht befreite. Dr. Hochenegg hatte nur mit den Fingerspitzen sanft die Schläfen berührt – der Kranke empfand es wie einen Blitzschlag. Sehr ähnlich reagieren auch andere Patienten. Die Münchnerin Carola S. sagt: »Mich durchfuhr ein eigenartiges, aber angenehmes Gefühl.« Sie war humpelnd, mit Geh-Schwierigkeiten nach Hall gekommen. Hochenegg strich mit der Hand nur an ihrem Rücken entlang, ohne sie zu berühren. Inzwischen sind die Lähmungserscheinungen völlig verschwunden. Ich sehe die junge Frau oft, sie wohnt im selben Münchner Stadtviertel wie ich.

Die Kraft, die in ihm steckt, kann Hochenegg selbst nicht erklären. Hypnose und Suggestion sind sicherlich mit im Spiel – einige Patienten berichten auch, daß Hochenegg sie bei der Behandlung in einen tranceartigen Zustand versetzte. Das sagt zum Beispiel der Student, der mit den schlimmen Wunden an den Händen nach Hall kam. Was ist das für eine Kraft, die Hochenegg ausstrahlt?

»Sie ist einfach da«, sagt der Arzt. Schon als Kind spürte er diese seltsame Fähigkeit: Bei anderen schwanden Schmerzen, wenn er die Hand auflegte. Und was seine Medikamente betrifft, so bezahlt in Österreich nicht selten die Krankenkasse die Wunder – wenn er seine Mittel als Arzt verschreibt.

Käthe Bachler

Die Arbeit der österreichischen Mathematiklehrerin Käthe Bachler ist einmalig: Im Auftrag der Schulbehörde untersuchte sie – selbst sehr strahlenempfänglich – über Jahre hinweg dreitausend Wohnungen mit den Schlafstellen von etwa elftausend Personen. Diese umfangreiche Untersuchung erfolgte mit der Wünschelrute. Das Ergebnis dieser Forschungsarbeit legte Käthe Bachler in ihren Büchern *Der gute Platz* und *Erkenntnisse und Bekenntnisse einer Rutengängerin* nieder. Die Pädagogin in Hallein bei Salzburg zählt zur Elite der europäischen Rutengänger.

Bei ihrer empirisch-wissenschaftlichen Arbeit untersuchte Käthe Bachler in mehr als fünfhundert Fällen den Schlafplatz von Personen, die an Krebs und anderen Zellwucherungen erkrankt waren. In ihrem Bericht hielt sie fest: »In all diesen Fällen beobachtete ich als Mit-Ursache eine Störzonenkreuzung... Ich habe sogenannte Krebsplätze beobachtet, wo mehrere Leute nacheinander an der selben Stelle unter dieser lebensgefährlichen Krankheit litten, oder mehrere Leute in verschiedenen Stockwerken, die genau übereinanderlagen. Das sind keine Hypothesen, sondern Tatsachen. Alle biologischen Rutengänger haben bei Wohnungsuntersuchungen bei Krebskranken und Krebstoten den Einfluß einer Störzonenkreuzung festgestellt.« In ihrer eigenen Klasse, wo Käthe Bachler mit ihren Untersuchungen begann, mußte sie erkennen: »Die ständig Müden, die vermeintlich Faulen und Schwierigsten in meiner Klasse waren störzonengeschädigte Kinder.«

Wie Frau Bachler zur Radiästhesie kam, erklärt sie mit Erlebnissen aus ihrer Kindheit: »Meine Mutter litt ständig unter Nervosität, Mißbefinden und allgemeinen Schmerzen, besonders heftig vor einem Wettersturz. Heute weiß ich, daß diese Beschwerden auf Störzonen zurückzuführen waren. Ich selbst hatte als Kind viel unter Bauchschmerzen, Übelkeit und Erbrechen zu leiden. Ich hatte mich damit abgefunden und ertrug es mit einer gewissen Selbstverständlichkeit. Die Ärzte stellten bei mir einen organischen Gallengangdefekt fest, den ich bereits von Geburt an hatte. Sicher trägt dieser Defekt neben einer angeborenen Sensibilität dazu bei, daß ich besonders ›strahlenfühlig‹ bin. Verkrampfungen über Störzonen lösen bei mir häufig das chronische Galle-, Leber- und Darmleiden aus.

Dreimal war ich durch diese Störzonen schon in Lebensgefahr geraten. Einmal als Kleinkind, dann mit sechsunddreißig Jahren, als ich sieben Jahre lang über einer sogenannten Curry-Kreuzung und Wasser gelegen hatte, und schließlich vor einigen Jahren, nachdem ich innerhalb kurzer Zeit mehr als tausend Wohnungsuntersuchungen durchgeführt hatte. Ein Arzt, der von meiner Wünschelrutenarbeit wußte, wurde danach mein Lebensretter. Er sagte mir, ich dürfe mindestens ein Jahr lang nicht mehr praktisch mit der Rute arbeiten, weil ich mich dabei zu großen gesundheitlichen Gefahren aussetzen würde.«

Frau Bachler kann über eine schier unendliche Reihe von Fällen berichten, in denen sie mittelbar oder unmittelbar helfen konnte. So litt im Salzburger Land der kleine Manfred an schwerem Asthma. Sein Vater berichtete der Pädagogin: »Der Arzt gab starke Medikamente, aber sie nützten nichts. Schließlich sagte er, daß das Kind auf irgend etwas allergisch reagiere. Weil ich gehört hatte, daß es Bodeneinflüsse gibt, stellte ich das Bett des Kindes einfach auf gut Glück in die andere Zimmerecke. Seither hat mein Sohn kein Asthma mehr.«

Einen Monat später wurde Käthe Bachler um die genaue Untersuchung dieses Hauses gebeten. »Ich stellte fest, daß der erste Bettplatz von Manfred über einer unterirdischen Wasserader und einer Curry-Kreuzung lag, und daß der zweite Bettplatz tatsächlich strahlungsfrei, das heißt, neutral war. Manfred litt an einer Bodenallergie und konnte dort genesen, nachdem er den schädlichen Bodeneinflüssen ausgewichen war. Unter Bodenallergie verstehe ich eine besonders hohe Empfindlichkeit gegenüber Bodeneinflüssen.«

In ihren weiteren Untersuchungen stellte Frau Bachler fest, daß Säuglinge und Kleinkinder noch das naturgemäße Empfinden haben: Sie besitzen eine natürliche Strahlungsfühligkeit und weichen instinktiv, selbst im Schlaf, bestrahlten Plätzen aus. So beobachtete eine junge Mutter, wie ihr zehn Monate altes Kind sich zwei Minuten nach dem Einschlafen aufsetzte, ›witterte‹ und sich dann in eine andere Ecke des Bettes zurückfallen ließ, wo es strahlungsfrei war. Dort schlief das Kind gut und ruhig.

»Solche Beobachtungen – wie Säuglinge und Kleinkinder im Schlaf wegrollen oder sich wegwälzen – habe ich immer und immer wieder gemacht. Auch sensible Schulkinder, Jugendliche und Erwachsene weichen noch instinktiv aus, wenn die Möglichkeit dazu besteht, sowohl im Bett als auch sonst überall.«

In einem anderen Fall entdeckte die Pädagogin und Wünschelrutengängerin bei einer schwerkranken Frau eine Störzonenkreuzung und empfahl ebenfalls eine Umstellung des Bettes. »Ich dachte mir, es sei am klügsten, wenn ich selbst ihrem Hausarzt eine Situationszeichnung zeigen würde, die eben diese Störzonenkreuzung genau festhielt und damit den Grund der Bettumstellung erklärte. Ich gestehe, daß ich dieses erste Mal den Kontakt mit gewisser Sorge aufnahm. Der Arzt und seine Frau aber waren sehr freundlich und aufgeschlossen. Deshalb erzählte ich ihnen ausführlicher von meinen Wohnungsuntersuchungen. Beide sagten immer wieder: ›Vielleicht sind bei dieser Patientin und bei jenen anderen Patienten solche Einflüsse vorhanden, weil gar keine Behandlung nützt.‹ Schließlich bat mich der Arzt zu weiteren sieben Patienten, um dort die Schlafstellen mit der Wünschelrute zu untersuchen. In allen Fällen fand ich Störzonenkreuzungseinflüsse im Bettbereich vor. Der Arzt selbst gab dann seinen Patienten den Rat, unbedingt meine Empfehlungen zu befolgen und das Bett strahlungsfrei zu stellen. Nach einiger Zeit erfuhr ich, daß bei allen Patienten eine Besserung, bei manchen sogar eine auffallende Heilung eingetreten war.«

Nach ihrer wissenschaftlich exakt festgehaltenen Forschungsarbeit hat Käthe Bachler heute zahlreiche Kontakte mit interessierten Ärzten und Instituten. Einmal schrieb ihr ein Arzt: »Was Sie hier für die Medizin leisten, ist einmalig.« Inzwischen hat sie in neunzehn Staaten, darunter auch in Südamerika, Untersuchungen durchgeführt und Vorträge gehalten.

In ihrer Eigenschaft als Rutengängerin war die Pädagogin eines Tages zu Gast bei einem Landarzt. Er interessierte sich sehr intensiv für ihre Arbeit. Um Mitternacht, während eines starken Gewitters, läutete das Telefon. Aufgeregte Eltern fürchteten, ihre neunzehnjährige Tochter müsse sterben; sie lag bereits eine halbe Stunde bewußtlos im Bett. Sie baten den Arzt, sofort zu kommen, was er auch tat. Er konnte das Mädchen gerade noch retten. »Am anderen Tag bat mich der Arzt um die Kontrolle des Schlafplatzes dieser Patientin. Sie hatte, wie ich feststellen mußte, über einer Wasserader und einer Curry-Kreuzung gelegen. Natürlich wurde das Bett sogleich auf einen guten Platz gestellt, und das Mädchen konnte bald genesen.«

Ein Gendarmerie-Bezirksinspektor schrieb der Rutengängerin: »Mit Freude kann ich Ihnen mitteilen, daß die von Ihnen vorgenommene Begutachtung meines Schlafzimmers in bezug auf Wasser und sonstige Strahlen meiner Meinung nach einen vollen Erfolg brachte. Wie Sie wissen, laborierte ich etwa zehn Jahre lang an einem nervösen Herzleiden. Schließlich kam es noch zu einem Kollaps. Ich habe nach Ihrem Rat mein Bett umgestellt. Wie Sie mir seinerzeit versicherten, war mein Oberkörper während des Schlafens ständig im Bereich einer Kreuzung – Wasser und magnetische Strahlen. Einige Monate nach Umstellung des Bettes trat eine deutliche Besserung meines Zustandes ein. Ich kann heute sagen, daß ich in bezug auf das Herz völlig beschwerdefrei bin.«

Auch das passierte Käthe Bachler: Ein skeptischer Zwanzigjähriger wollte beweisen, daß die Rutengängerei völliger Unsinn sei – und erfuhr genau das Gegenteil. Die Pädagogin: »Dieser Christian war hochsensibel und klagte zu Hause ständig über heftige Kopfschmerzen und große Müdigkeit. Als ich die Schlafstelle untersuchte, entdeckte ich eine Störzonenkreuzung beim Kopfende des Bettes. Das Bett wurde sofort an einen strahlungsfreien Platz gestellt. Der skeptische Jugendliche nun wollte sich damit allein nicht abfinden und machte einen Versuch. Er holte seinen Hund ins Zimmer und lockte ihn in die bestrahlte Ecke, in der er eine Wolldecke auf den Boden gelegt hatte. Er redete dem Hund gut zu, sich dorthin zu legen und dort zu bleiben. Nach fünf Minuten schaute er wieder nach. Zu seiner größten Verblüffung fand er den Hund auf seinem Bett, also am strahlungsfreien Platz wieder. Christian war nun überzeugt von den Möglichkeiten der Radiästhesie. Er schlief von dieser Zeit an auch gut, hatte keine Kopfschmerzen mehr und genas bald völlig.«

In einem Gespräch mit mir gab Käthe Bachler noch wertvolle Hinweise. Sie sagte: »Bei Kindern, die viel weinen, sollte das Bett unbedingt umgestellt werden, solange, bis das Kind ruhig schläft. Auch viele Ärzte geben heute ihren chronisch kranken Patienten – besonders solchen, die über nächtliche Schlafstörungen und morgendliche Erschöpfung klagen – den Rat, ihr Bett mal auf gut Glück umzustellen, und sie stellten dann fest, daß die Patienten auf ihre Behandlung besser ansprechen als vorher.«

Ben Clevers

Bei dem fünfundfünfzigjährigen Holländer Ben Clevers liegt das Übersinnliche in der Familie. »Aber ich bin ganz normal aufgewachsen«, sagt der Geistheiler, der in Halle-Zoersel in Belgien praktiziert. »Erst als ich zehn oder zwölf Jahre alt war, bemerkte ich, daß ich die Gedanken meines Vaters lesen konnte, zu dem ich eine sehr enge Bindung hatte. Das war keine vorübergehende Sache, es blieb so bis zu seinem Tod vor fünfzehn Jahren.

Meine Mutter hatte die besondere Gabe, hellsehend zu sein. Das hat uns wahrscheinlich im Krieg das Leben gerettet: Sie hatte eines Tages die Vision, daß etwas Schlimmes auf uns zukommen würde. Sie bestand darauf, daß wir – nur mit dem Notwendigsten ausgestattet – sofort unser Haus in Eindhoven verlassen sollten. Wir waren kaum fünf Kilometer entfernt, da kam ein ganzer Pulk von Flugzeugen, der den Ort bombadierte. Bei diesem Angriff gab es an die tausend Tote.

Bis auf die Tatsache, daß ich die Gedanken meines Vaters lesen konnte, lief mein Leben ganz normal weiter. Ich studierte Maschinenbau, ging in die Industrie und habe es bis zum Direktor einiger Firmen in Holland und Belgien gebracht. Während dieser Berufstätigkeit spürte ich hin und wieder, daß ich Menschen helfen konnte. Wenn zum Beispiel meine Sekretärin unter Kopfschmerzen litt, habe ich ihr die Hände aufgelegt, und die Schmerzen hörten augenblicklich auf. Auch andere kleine Wehwehchen konnte ich ›wegzaubern‹, ich habe mich aber nicht weiter mit diesem Phänomen befaßt. Das änderte sich erst mit dem Tod meines Vaters; von da ist mir meine Fähigkeit, heilen zu können, vollkommen bewußt. Ich spüre in meinen Händen, wo im Körper ein Krankheitsherd ist. Ich merke auch, wie sich die Krankheit bessert und schließlich verschwindet.«

Ben Clevers war überzeugt, dieser Berufung nachgehen zu müssen und meldete sich bei der holländischen »Vereinigung der Geistheiler« in Amsterdam an. Das ist ein Gremium, das sich auf freiwilliger Basis zusammengeschlossen hat, um genau zu überprüfen, wer als Heiler angesehen werden kann. Die Prüfungsvorschriften sind sehr streng. Unter anderem müssen mindestens acht Heilungen nachgewiesen werden; Heilungen, die von einer Kommission genau untersucht werden. Ben Clevers bestand alle Prüfungen.

Bei seiner Arbeit als Heiler konnte er auch seine Fähigkeiten, auf verschiedenen Wegen zu heilen, erweitern. »So stellte ich fest, daß es mir gegeben ist, auch Personen zu heilen, zu denen ich keinen direkten Kontakt habe. Bei solchen Fernheilungen genügt mir ein Foto des Patienten. Das kostet mich allerdings viel Konzentration. Es geht übrigens auch mit einer telefonischen Verbindung. Auf diese Weise habe ich Heilungen in ganz Europa und in Amerika und Kanada durchgeführt; das klappt in jeweils etwa zehn Minuten.«

In seiner Praxis wendet der holländische Heiler hin und wieder auch Hypnose als Therapiemittel an. »Unter Hypnose kann ich zum Beispiel Leuten mit psychischen Leiden, wie etwa Angstzuständen, helfen. Ich setze dabei auch telepathische Signale; auf diese Behandlung sprechen besonders gut Patienten an, die Drogen-, Raucher- und Alkoholprobleme haben.«

Ein weiteres Arbeitsfeld von Ben Clevers ist das Rutengehen. »Das hat sich besonders bei Menschen bewährt, die unter ständigen Beschwerden wie Migräne oder Kopfschmerzen leiden. Diese Menschen leben nicht selten über Wasserströmen und Erdstrahlen, die ihre Gesundheit negativ beeinflussen. Da genügt dann mitunter, daß sie in der Wohnung das Bett an einen anderen Platz stellen.«

Für Ben Clevers ist es inzwischen sicher, daß eine Krankheit nichts weiter ist als ein Mangel an kosmischer Energie. Bei einem Kranken ist nach seiner Auffassung manchmal ein sogenannter Krisentag im Biorhythmus die Ursache seines Leidens. »Wenn ich zum Beispiel schlecht geschlafen habe, wurde mir Bioenergie entzogen, und das kann bereits ein Auslöser für eine Krankheit sein. So gibt es etwa in der Karnevalszeit ein geradezu sprunghaftes Ansteigen von Krankheiten: Hier fehlt die Bioenergie, verursacht durch zu wenig Schlaf, zuviel Tanz, zuviel Alkohol und zuviel Nikotin. Ohnehin ist die kosmische Energie im Winter wesentlich geringer als im Sommer; deshalb gibt es im Sommer auch weniger Kranke.

Bei den Behandlungen arbeite ich mit dieser Bioenergie. Ich mache den Patienten jedesmal darauf aufmerksam, daß er sich weitgehend von Chemikalien aller Art fernhalten soll, denn sie sind für den Körper denkbar ungeeignet. Da möchte ich nur ein Beispiel erwähnen: Wenn Sie einen Garten haben und ich Sie frage, warum Sie das Wasser von Ihrer Haarwäsche nicht auf die Blumen gießen, dann werden Sie antworten: Davon gehen doch die Pflanzen kaputt.

Meiner Meinung nach besteht da kein großer Unterschied zwischen dem menschlichen Körper und einer Pflanze.«

Die Liste der Fälle, in denen Ben Clevers helfen konnte, ist beeindruckend. Da ist etwa der Lastwagenfahrer, der einen Unfall mit drei Toten miterlebt hatte, ohne den Unfall verursacht zu haben. »Nach diesem schrecklichen Vorfall bekam der Mann immer dann, wenn ein anderes Auto bis auf fünfzig Meter an ihn herankam, einen roten Kopf und Schweißausbrüche; er konnte dann nicht mehr weiterfahren. Klar, daß dieser Mann seinen Beruf nicht mehr ausüben konnte. Ich habe den Mann eine Viertelstunde lang behandelt, und er war seine Schwierigkeiten los; sie traten auch nie wieder auf.

In einem anderen Fall rief die Mutter eines vierzigjährigen Mannes völlig verzweifelt an. Sie sagte, ihr Sohn leide in so extremem Maße unter Heuschnupfen, daß er sogar schon mit Selbstmord drohe. Ich habe den Mann dreimal am Telefon behandelt: Der Heuschnupfen ist verschwunden und seitdem nicht mehr wiedergekommen.

Und da war eine junge Frau, die mit einer Schuppenflechte zu mir kam. Diese Flechte ist in der Regel die Folge von psychischem Streß. Die Flechte war bei der jungen Frau so schlimm, daß sie praktisch keine Schuhe mehr tragen konnte und die Hände bandagieren mußte. Das Blut sprang aus den Füßen und aus den Händen. Ich behandelte sie insgesamt zehnmal, und die Flechte war verschwunden.«

Ben Clevers berichtet auch von dem ungewöhnlichen Fall einer Heilung mittels einer zweiten Person: »Mich rief eine Frau aus dem Ausland an, deren Mann mit einem Lungenkollaps und Herzbeschwerden auf der Intensivstation lag. Da der Mann dort natürlich kein Telefon hatte, versuchte ich die Heilung über seine Frau. Ich sagte ihr, sie solle sich ganz stark auf ihren Mann konzentrieren, während wir telefonierten; gleichzeitig würde ich das ebenfalls tun. Das haben wir ein paarmal so durchgeführt. Innerhalb einer Woche war der Mann wieder zu Hause; er fühlte, daß es ihm von Tag zu Tag besser ging.«

Fernheilung gelang auch bei einem Jungen, der sich heißes Frittieröl über die Füße gegossen hatte. »Die Mutter rief mich aus hundertundfünfzig Kilometern Entfernung an. Ich hörte im Hintergrund das Kind wimmern. Ich habe mich gleich auf den Jungen konzentriert und dabei genau ›gesehen‹, daß es das linke Bein schlimmer als das rechte erwischt hatte. Nach fünf Minuten hatte das Kind keine Schmerzen mehr.«

Alle Patienten weist der belgische Heiler eindringlich darauf hin, daß sie gesünder leben sollten. Er sagt: »Den Körper kann man mit einer schönen Blume vergleichen, die vorsichtig behandelt werden muß und an die man keinen Schmutz herankommen läßt.«

Nannie Veermann-Croiset

Sie hatte einen weltberühmten Vater, so daß es nicht weiter erstaunt, wenn sie heute sein Werk fortsetzt: Nannie Veermann-Croiset. Ihr Vater war der holländische Hellseher und Wunderheiler Gérard Croiset, der 1980 starb. Croiset machten seine magischen Hände und seine hellseherische Kraft berühmt. Viel Prominenz gehörte zu seinen Patienten, so auch Königin Juliane, die den Heiler auf ihr Schloß Soestdijk holte. Zu den Kunden des Hellsehers zählte Scotland Yard ebenso wie die holländische Polizei. Der »Mann mit dem zweiten Gesicht« fand in ihrem Auftrag Mörder und Diebe und entdeckte sogar die bis dahin spurlos verschwundenen Leichen ermordeter Kinder. Zu seiner verblüffenden Fähigkeit sagte Croiset: »Ich sehe alles, ich höre innere Stimmen, aber ich weiß nicht, wie es funktioniert.«

Seine Tochter Nannie Veermann-Croiset erklärt: »Es muß wohl so sein, daß ich manches von den ungewöhnlichen Fähigkeiten meines Vaters geerbt habe. Schon als Kind nahm er mich immer mit, wenn er auf seinem Fahrrad zu Patienten fuhr, und ich war unglaublich stolz auf ihn. Als ich fünfzehn Jahre alt war, ging ich zum ersten Mal allein helfen. Aber ich dachte dabei immer nur an meinen Vater, der so eine unglaublich beruhigende Wirkung auf Menschen hatte. Erst war es eine Stunde, dann waren es zwei und schließlich war es ein ganzer Nachmittag, an dem ich zu Kranken ging, um ihnen zumindest Linderung von ihren Leiden zu geben. Die Heilerfähigkeit ist dann ganz langsam in mir gewachsen.«

Nannie Veermann-Croiset hat natürlich oft mit ihrem Vater über seine besonderen Kräfte gesprochen; sie hat viel von ihm gelernt, vor allem, Krankheitssymptome zu erkennen. »Als mein Vater starb, fühlte ich mich völlig allein gelassen. Ich hatte bis dahin nie selbst versucht zu heilen, sondern immer nur zu helfen. Nach dem Tod meines Vaters kamen sehr viele Leute in seine verwaiste Praxis und fragten mich, ob ich sie nicht auch so behandeln könne wie mein Vater. Es war so naheliegend, aber ich mußte mir dennoch einen gewaltigen Ruck geben, um es selbst zu versuchen – obwohl mein Vater immer wieder behauptet hatte, ich hätte seine übernatürlichen Fähigkeiten geerbt. Ich habe dann feststellen können, daß er recht hatte. Aber ich muß zugeben, daß es mich erschreckte und hin und wieder auch heute noch beunruhigt, denn ich weiß nicht, was wirklich geschieht.«

Die Heilerin wohnt in einem Haus in Utrecht, dessen Tür stets halb geöffnet ist. Im Korridor steht ein Kaffeeautomat. Gleich daneben geht es in das Wartezimmer, das zugleich Behandlungszimmer ist. Dazu Nannie Veermann-Croiset: »Früher war es üblich, daß man mitten unter den Leuten behandelte. Das habe ich beibehalten. Ein eigenes Sprechzimmer brauche ich nicht. Es ist so, daß die Patienten einfach ruhiger werden, wenn ich unter sie trete. Es ist wohl eine Ausstrahlung, die auf jeden einzelnen der Anwesenden gleichzeitig wirkt.«

In der Wartezimmer-Praxis treffe ich eine Mutter, die ihr Baby behandeln lassen will. Die Frau erzählt: »Einen Tag nach der Geburt erlitt unsere kleine Barbara einen epileptischen Anfall. Die Ärzte stellten fest, daß meine Tochter niemals normal leben könne. Sie würde wohl auch nicht fähig sein, ihre Eltern richtig zu erkennen.«

Dazu die Heilerin: »Als die Mutter zum ersten Mal zu mir kam, stierte das Kind nur apathisch vor sich hin. Jetzt ist die kleine Barbara ein Kind wie jedes andere.« Und wirklich, das Kind kräht vor Vergnügen und streckt seine Ärmchen der Heilerin entgegen, als diese den Raum betritt.

Auch bei einem anderen Kind hatte sie verblüffende Erfolge. Es war ein Junge, der unter epileptischen Anfällen litt. Die Ärzte hatten die Diagnose gegeben, das Kind sei geistig und körperlich behindert. Nach einigen Behandlungen durch Nannie Veermann-Croiset machte der Kleine seine ersten Schritte und fing auf einmal an zu reden. Sein Gesundheitszustand verbesserte sich zusehends, und nach wenigen Monaten stellten die Ärzte fest, daß der Junge völlig gesundet war.

Die vierundzwanzigjährige Anneke litt an Multipler Sklerose. Ihre Augen waren infolge der Krankheit immer schlechter geworden, und es fiel ihr auch immer schwerer zu gehen, »bis ich schließlich über meine eigenen Füße stolperte«. Anneke wollte sich mit der Diagnose der Ärzte und mit den Therapien, die zu keiner Besserung führten, nicht abfinden. Sie fuhr aus einem plötzlichen Entschluß heraus zu der Heilerin nach Utrecht. Diese sagte der jungen Patientin, daß es ihr wahrscheinlich möglich sein werde, ihr Sehvermögen zu bessern und auch die ständige Müdigkeit zu beseitigen.

»Ich kann es kaum fassen, aber meine Sehkraft hat sich

gewaltig verbessert, die Müdigkeit ist auf ein normales Maß reduziert. Erstaunlich aber ist, daß ich nach wenigen Monaten der Behandlung wieder normal laufen konnte. Ich kann heute meine latent vorhandene Krankheit völlig verbergen, weil alles wieder richtig funktioniert. Im Krankenhaus haben die Ärzte nur noch von einem Wunder gesprochen.«

Eines Tages kam ein Angestellter zu Nannie Veermann-Croiset, der über ständige Müdigkeit bei gleichzeitiger Schlaflosigkeit litt. Die Heilerin strich dem Mann mit ihren Händen über den Kopf, den Nacken und die Schultern. Sie stellte fest, daß alles völlig verkrampft war. Schließlich machte sie mit den Fingern eine schnalzende Bewegung; im selben Moment sackte der vorher krampfhaft hochgehaltene Kopf zur Seite und pendelte dann lokker von links nach rechts. Nach kurzer Zeit wiederholte Nannie Veermann-Croiset die schnalzende Fingerbewegung. Der Mann kam wieder zu sich, stand auf und fühlte sich seltsam befreit. Von dieser Behandlung an waren seine Beschwerden so gut wie verflogen.

Seit drei Jahren arbeitet die Heilerin mit der Universität in Utrecht zusammen. Dort führt sie mit Wissenschaftlern der Zellbiologie eine Testreihe durch. Der Anstoß für dieses Experiment war, daß viele ihrer Patienten bei der Behandlung Wärmeschübe verspüren. Die Zellbiologen hoffen nun, daß sie bei diesen Tests die Wärmeschübe messen können. Das wäre dann das erste Mal, daß eine bisher unerklärliche Kraft exakt nachgemessen werden könnte.

Diese Wärmeschübe sind übrigens von dem Ort, an dem die Behandlung stattfindet, unabhängig. Das geschieht zum Beispiel auch bei der Fernheilung, die von Frau Nannie Veermann-Croiset ebenfalls durchgeführt wird. »Ich denke an einen Patienten und bin in diesem Augenblick ganz bei ihm. Nicht wenige von ihnen empfinden in diesem

Moment genau an den Punkten warme Strahlen, über die ich bei einer Behandlung in Utrecht gewöhnlich streiche.«

Auch nach einer Fernbehandlung verspürt die Heilerin keine Müdigkeitserscheinungen. Auf die Frage, woher sie denn soviel Energie nehme, antwortete sie nur: »Diese Kraft forme ich nicht selbst, sie kommt von ganz woanders her. Ich sehe mich als eine Art Empfangsstation von heilenden und kräftigenden Strahlen; ich empfange sie nur und leite sie dann weiter. Wenn soviel Energie direkt von mir ausgehen würde, könnte ich nur noch total erschöpft in der Ecke sitzen. Es ist auch für mich ein Wunder, das ich nicht zu erklären vermag.«

Diana Craig

Ein schönes rotes Ziegelhaus, nahe am Meer, bei Chichester in England. Hier, wo im Sommer überall Rosen blühen, heilt Diana Craig, die drei Jahre lang Präsidentin der größten englischen Geistheiler-Vereinigung war. Seit mehr als vierzig Jahren schon hilft und heilt sie Menschen. Sie hat sogar noch gemeinsam mit dem wohl berühmtesten Geistheiler Englands, Harry Edwards (Harry Edwards: *Geistheilung;* Verlag Hermann Bauer, Freiburg 1983), behandelt, der im Dezember 1976 gestorben ist.

Diana Craig ist eine intelligente, witzige Persönlichkeit, voll von sprühendem Leben. Früher, als ihr Mann noch als Kameramann arbeitete, war sie beim Film, erzählt sie. Dann fing sie an, sich für paranormale Phänomene und Spiritualismus zu interessieren. Intensiv begann sie sich mit dem Heilen auseinanderzusetzen, als in Chichester ein Heiler-Treffen stattfand. Zum selben Zeitpunkt hätte sie zu einer Tanzstunde gehen müssen, doch sie verzichtete darauf und besuchte lieber das Heiler-Treffen.

»Ich hatte von diesem Tag an nur noch den sehnlichen Wunsch, selbst heilen zu können. Eines Tages spürte ich, wie in meiner Hand ein Vibrieren einsetzte. Ich war völlig überrascht und freute mich natürlich sehr. Als nächstes hörte ich eine innere Stimme, die mir mitteilte, daß ich heilen werde, wenn auch in der anderen Hand das Vibrieren einsetze. So war es dann auch wenig später.«

Diana Craig heilt mit ihrer ganzen Persönlichkeit. Sie heilt mit den Augen und mit der Stimme. Den Patienten heißt sie herzlich willkommen, und der Kranke spürt, wie ihm eine Welle von Liebe entgegenströmt. Wenn sie dem Patienten gegenübersitzt, hält sie seine Hände und fragt ihn nach seinen Problemen. Durch das Händehalten stellt sich Diana Craig auf ihr Gegenüber ein und kommt zu einer Diagnose. Erst dann folgt der Augenblick des Heilens. Ein Hellseher sah das bei ihr einmal so: »Alles Licht, das von ihr in diesem Moment des Heilens ausging, strömte auf den Patienten über und hüllte ihn ein. Das ist der Moment, wo der Kranke in die Schwingung des Heilers gerät.«

Bei allen Patienten hebt Diana Craig immer wieder die Kraft und die Macht unserer Gedanken hervor, im positiven wie im negativen Sinn. Die englische Geistheilerin ist davon überzeugt, daß jeder einzelne seine Krankheit im wesentlichen selbst verschulde, indem er sich durch destruktive Gedanken in Disharmonie und ins Ungleichgewicht bringt. Die Heilerin weiter: »Bei einer vererbten Krankheit kann diese durch negative Gedanken sicher rascher ausgelöst werden.«

Diana Craig betont, daß ein Geistheiler nicht nur psychosomatisch bedingte Krankheiten angehen könne. Es komme nur darauf an, die destruktiven Gedanken, die Disharmonie auszuschalten, dann könne ein Geistheiler auch dazu beitragen, daß sich ein krankes Körperorgan rascher regeneriere. Er könnte aber auch, je nach seinem Entwicklungsstand, so etwas wie ein Wunder bewirken. Bei all diesen Prozessen fließe vom Geistheiler aus starke Energie auf den Kranken über und bringe ihm Heilung.

Ein ganz wesentliches Gebiet, mit dem sich die Engländerin ebenfalls befaßt, ist die Fernheilung. Sie sagt: »Wir hören, daß das Gebet viel ausrichten kann. Gedanken und Heilung sind durch bestimmte Schwingungen in einem Energiefeld ähnlich wirksam. Indem der Geistheiler eine Art Verbindung herstellt, erreichen seine Schwingungen den Patienten, wenn dieser schläft und selbst nicht aktiv ist.« Diana Craig kann die Fernheilung auch noch anders erklären: »Die Gedanken, die wir aussenden, um einen Patienten zu helfen, werden von Hilfskräften aufgenommen und weitergeleitet. Von Gotteshelfern.«

Sie zählt sich, im Gegensatz zu Magnetopathen, zu den Geistheilern. Der magnetische Heiler habe seine Kraft aus eigener Energie, und er könne magnetische Kräfte auch aus der Erde ziehen und sie in den Patienten leiten. Dabei aber erschöpfe sich der Magnetopath selbst sehr. Der Geistheiler dagegen werde durch seine Arbeit (Heilung) erfrischt und erneuert.

»Der Geistheiler wendet sich eben an die geistige Macht, bezieht von dort seine Kräfte und wandelt sie in Energie um. Die Heilkraft hängt vom Entwicklungsstand des Geistheilers ab, davon, wie offen er als ›Werkzeug‹ ist. Daß ein Geistheiler einen Patienten versehentlich verletzt oder schwächt, ist unmöglich, denn bei der Heilung wird die Seele berührt, auch wenn man das nicht erklären kann.«

Der Geistheiler selbst sei immer gläubig. Die Gottgläubigkeit seitens des Patienten sei hingegen nicht erforderlich, wenn auch sehr hilfreich. Notwendig sei allerdings, daß der Kranke bei der Heilung mitwirke.

Was empfiehlt nun Diana Craig dem Patienten? »Selbstverständlich muß er zum Arzt gehen. Dann aber ist es auch erforderlich, den negativen Aspekt in seinem Leben zu suchen. Der Patient muß seine Emotionen ergründen und sich fragen, ob er mit dem gewählten Lebensweg glücklich ist. Er muß versuchen, das Gedankenmuster zu ändern, die negativen Gedanken in positive umzuwandeln. Krankheit und Schmerz können nämlich durch Konzentration darauf verstärkt werden. Man muß an die Kraft positiver Gedanken, an die Harmonie in sich glauben und die bedrückende Vergangenheit vergessen.«

Auf die Frage, ob sich Diana Craig selbst immer in einem harmonischen Zustand befinde, der negative Gedanken von vornherein nicht zulasse, sagt sie lachend: »Aber nein. Ich werde damit nicht immer so leicht fertig. Ich muß mir dann oft sagen, daß ich ja bloß praktizieren muß, was ich selbst immer predige. Ich muß jeweils tief in mich hineinhorchen und -schauen, wo ich was falsch mache. Mein Leben ist ein langer Lernprozeß, und je weiter ich mich entwickle, um so größer und schwieriger werden die Aufgaben.«

Über die Mission ihres Lebens befragt, antwortete die englische Geistheilerin: »Ich bemühe mich, den Kranken Erleichterung und jenen, die im Sterben liegen, den Frieden zu bringen. Ich helfe mit, die verschiedenen Therapien zusammenkommen zu lassen und hoffe, den Menschen die Erkenntnis zu vermitteln, daß es notwendig ist, dem Geistheiler seinen Platz einzuräumen.«

Von dieser Notwendigkeit sind die zahllosen Patienten überzeugt, denen Diana Craig in den Jahrzehnten ihrer Heilertätigkeit helfen konnte.

Da war zum Beispiel eine seit Jahren fast gänzlich blinde Frau aus Deutschland. Nach einer ersten Heilbehandlung konnte die Frau bereits auf einem Auge wieder sehen. Als sie ein Jahr später noch einmal die englische Geistheilerin in Chichester aufsuchte, geschah das gleiche Wunder ein zweites Mal: Jetzt konnte die Frau auch auf dem anderen Auge sehen.

Da war ein hörgeschädigter Alkoholiker. Diana erkannte sofort die Abhängigkeit, obwohl der Mann sich darüber nicht äußern wollte. Sie stellte außerdem eine Arthrose fest und behandelte dann den Patienten an den Knien und an der Wirbelsäule. Plötzlich konnte der Mann wieder hören, und wie durch eine geheime Kraft beeinflußt, gab er von diesem Tag an auch das Trinken auf.

Diana Craig, die viel im Ausland – so auch in der Bundesrepublik und in der Schweiz – behandelt, begegnete in der Schweiz einem Mann im Rollstuhl. Dieser Vierzigjährige war seit seiner Krankheit ein Pflegefall. Er konnte die Füße und den linken Arm nicht bewegen; die Hände waren total verkrampft, die Daumen nach innen gekrümmt. Nach der ersten Behandlung konnte der Mann seine Hände ausstrecken und zum ersten Mal in seinem Leben die Innenflächen seiner Hände sehen. Die Heilung der Hände und auch des linken Armes hat dann angehalten.

Diana Craig bildet übrigens selbst Geistheiler aus. Zu ihr kamen zum Beispiel fast alle bedeutenden Geistheiler aus der Bundesrepublik. Allein in ihrer eigenen Region hat sie sechshundert Heiler unter sich. Auf die Frage, wie denn nun die Ärzte in England auf ihre wundersamen Heilungen reagierten, sagte sie: »Sie beginnen zu akzeptieren und einzusehen, daß der Mensch nicht nur einen Körper, sondern auch eine Seele hat.«

Tatjana Nikolajevna Antonova

Eine winzige Künstlerwohnung mitten in Moskau. Überall liegen Skizzen herum. Richtig gemütlich, das Chaos. Die Malerin Tatjana Nikolajevna Antonova – eine Frau mit braunem, zerzaustem Haar, klein und etwas mollig – porträtiert gerade eine Besucherin. Tatjana wird ein unglaubliches Talent nachgesagt. Diese Frau malt andere Menschen gesund. Sie heilt sozusagen mit dem Pinsel. Wenn sie ein Porträt auf die Leinwand gebracht hat, dann hat ihr Modell das Gefühl, daß eine Krankheit förmlich aus dem Körper herausgezogen wurde. Schon während der Sitzung verschwinden manche der Leiden, mit denen Besucher gekommen sind, sagen die Moskauer.

Tatjana Nikolajevna Antonova weiß nicht, daß die Frau, die gerade vor ihr sitzt, deren Bild eben entsteht, in Wirklichkeit Ärztin ist und herkam, um für eine Zeitschrift zu prüfen, was da wirklich geschieht. Um das Ergebnis vorwegzunehmen: Tatjanas Heilerfolg bleibt weiter ein Geheimnis – aber selbst die Ärztin spürte ihre Kraft.

Alles hat am Arbat begonnen, im Herzen von Moskau. Das ist eine Fußgängerzone, ein Stadtbezirk, in dem ein Hauch von Montmartre oder Schwabing weht. Dort sitzen Künstler nebeneinander und porträtieren die Vorübergehenden. Es ist ein Schaugeschäft, ein Nebenverdienst. Am Arbat sah der Münchner Kaufmann Karl Vlcek die Heilerin Tatjana Nikolajevna Antonova zum ersten Mal. Vlcek hatte von ihr gehört. Es war Winter und zwanzig Grad unter Null. Doch trotzdem ließ sich eine Frau von ihr porträtieren. Tatjana malte ohne Handschuhe. Doch sie hatte überraschend warme Hände, spürte Vlcek bei der Begrüßung.

Man vereinbarte eine Zusammenkunft in ihrer Wohnung. Zwei Stunden würde das Porträtieren dauern. Karl Vlcek hörte es mit Schrecken. »Ich litt doch seit Jahren an sehr starken Rückenschmerzen.« Die Aussicht, zwei Stunden bewegungslos sitzen zu müssen, klang nicht aufmunternd. Aber die Neugierde trieb ihn an. Tatjana Nikolajevna Antonova malte und begann plötzlich zu reden: »Sie sagte mir genau, wo ich gerade Beschwerden hatte... Und in der Sekunde, da sie beispielsweise von meinen Schmerzen an den Halswirbeln sprach – genau dann verschwanden sie. Ebenso war es an anderen Körperteilen... Dann sagte sie mir einiges über meinen Charakter. Auch da lag sie ganz richtig. Aber sie konnte doch nichts von mir wissen. Wir hatten vorher nur das Nötigste geredet. Ich merkte übrigens gar nicht, daß ich zweieinhalb Stunden vor ihr saß. So lange hatte ich es sonst nie im Sessel ausgehalten«, erzählt Karl, der fließend Russisch spricht. »Hinterher hatte ich das Gefühl: Ich weiß jetzt eher, was ich will und was nicht.« Die Schmerzen kehrten erst nach Wochen – spürbar leichter geworden – wieder.

Die vierunddreißigjährige Moskauer Ärztin Karina

hörte seine Erlebnisse sehr skeptisch. Sie ist eine rundum erfahrene Fachfrau. Karina hat in Moskau Medizin studiert, sich dann auf Psychoneurologie spezialisiert; sie hat sich viel mit Epilepsie befaßt und immer wieder dazugelernt. Zuletzt ließ sie sich in Psychotherapie ausbilden.

Jetzt arbeitet sie in der Poliklinik des Bolschoi-Theaters, die nicht nur den Bühnenangehörigen offensteht. Zu den Patienten gehören auch andere Theaterleute und Beschäftigte des Kreml. Außerdem ist sie Präsidentin einer Organisation zur Streßbekämpfung, die einige kühne Wege geht und zum Beispiel Anti-Streß-Musik produziert mit Musikern des Bolschoi-Orchesters. Während sie Karina skizzierte, sagte Tatjana Nikolajevna Antonova plötzlich: »Sie haben Schmerzen rechts in der Schulter, und ich sehe bei Ihnen schwarze Farbe auf der rechten Seite.«

Traf die Diagnose zu? Karina: »Ich hatte tatsächlich heftige Kopfschmerzen auf der rechten Schädelseite. Auch meine rechte Schulter hat mir sehr weh getan. In der Hand hatte ich einen Muskelkrampf, den ich bis in den Nacken spürte. Das hatte ich vorher schon gehabt, aber meistens waren die Schmerzen rasch verschwunden. Diesmal hielten sie an. Am Ende der Sitzung waren die Schmerzen total vergangen. Für mich ist das unerklärlich.«

Es ist noch mehr passiert, das auch für die Ärztin rätselhaft scheint... Ihr Sohn war dabei und sagte, als er das Bild sah: »Das ist meine Mutter wie sie jung war.« Die Malerin nickte. »Sie werden diesem Porträt immer ähnlicher werden.«

Am Tag, als die Ärztin bei Karina vorsprach, fühlte sie sich tatsächlich »sehr schlecht«, überanstrengt auch von einer Deutschland-Reise. Nach der Sitzung verschwanden die Schmerzen – und die Ärztin hatte das Gefühl, wieder jung, jedenfalls jünger zu sein. »Das spürte ich sogar an meiner Haut.« Die Künstlerin plauderte auch in diesem Fall während des Malens vor sich hin. »Sie erzählte mir

Dinge aus meinem Leben, wie es vor zehn oder zwanzig Jahren war. Alles richtig. Dabei hat sie mich bei dieser Gelegenheit zum ersten Male gesehen. Sie konnte über mein Leben überhaupt nichts wissen.«

Was sagt sie nun als Ärztin über dieses Phänomen Tatjana? »Ich kann diese Frage im Augenblick noch nicht beantworten. Aber wir werden das in einem Institut für Radiologie untersuchen, wo es sehr viele mit Schmerzen verbundene Krebsfälle gibt. Wir haben mit dem Leiter der Klinik gesprochen und werden die Malerin bitten, sich solche Patienten vorzunehmen. Erst dann können wir mehr sagen.«

Hält sie denn Übertragung heilender Kräfte als Ärztin überhaupt für möglich? Karina antwortet vorsichtig – aber jeder, der mit Moskauer Ärzten gesprochen hat, weiß, daß dort mehr als anderswo in Europa mit Methoden experimentiert wird, die in anderen Ländern als verdächtig gelten.

»Was wir nicht messen können, kann trotzdem existieren« sagt die Ärztin. »Vielleicht arbeitet Tatjana mit der Aura... Sie sieht die Krankheit in Farben. Mein erstes Porträt war viel dunkler als das zweite...«

Karina spricht von Aura ganz selbstverständlich. Mit Aura ist ein Strahlungsenergiefeld gemeint, das beseelte und unbeseelte Körper umhüllt. Sensitive glauben, die Aurafarben unmittelbar wahrnehmen zu können und beurteilen die seelische und gesundheitliche Verfassung des Menschen nach den Farbänderungen der Aura. Kein deutscher Arzt hätte bis vor kurzem darüber ernsthaft nachgedacht. In der Sowjetunion wird die Aura sogar von Wissenschaftlern offiziell fotografiert. »In Moskau gibt es ein Institut für Radiotechnik. Dort haben sich Wissenschaftler in einem Institut seinerzeit auch mit Dschuna, einer der bekanntesten Wunderheilerinnen der Sowjetunion, befaßt« – sagt Karina. Für diese Wissenschaftler ist Aura keine Legende mehr, sondern ein beweisbares Faktum.

Tatjana Nikolajevna Antonova hört die Diskussion über ihren Fall gelassen. Sie hat, erzählt sie, ihre Fähigkeiten zum ersten Mal vor acht Jahren gespürt. Sie arbeitete damals als Kunsterzieherin mit Kindern, die beim Malen spürbar ruhiger wurden. »Wenn ich male, dann spüre ich ganz einfach, was der Patient für Probleme und Krankheiten hat und wie sie sich verändern… Ich sehe all seine seelischen Probleme: alles, was er mit sich trägt…«

Ein Rat ist ihr wichtig: »Geben Sie das Bild nicht fort, behalten Sie es bei sich, sehen Sie es einmal am Tag an«, sagt die Malerin beim Abschied. Wer sein Porträt betrachte, nehme Kontakt zu sich selbst und zu seiner Gesundheit auf.

Bei manchen Patienten genügt eine Heilsitzung, bei manchen schwierigen Fällen malt sie innerhalb von Tagen oder Wochen mehrere Porträts. Sie arbeitet mit Kreide und mit Öl; die Farben sind je nach Krankheit unterschiedlich. Man sieht es ihr an, daß sie beim Malen Energie verbraucht. Nach einer solchen Behandlung ist sie erschöpft und ausgepumpt. Die Ärztin und Karl fühlten sich hinterher jünger, kraftvoll, unternehmungslustig. Und es gibt mittlerweile in Moskau viele, die sich malen lassen wollen, um neue Kraft zu erlangen.

Adressenverzeichnis

Lili Albertini
Brünigstraße 137
CH-6060 Sarnen

Tatjana Nikolajevna
Antonova
Kontakt über Karel Vlcek
Weissenburger Straße 46
8000 München

Käthe Bachler
Lindenthal 7
Au 85
A-5441 Abtenau

Lieselotte Baertz
Marburger Straße 5
1000 Berlin 30

Mina Beckmann
Winzerstraße 12
CH-5430 Wettingen

Bea Grau-Binggeli
Von-Mai-Straße 43
CH-3604 Thun

Erika Blöchlinger
Elfenauweg 45
CH-3006 Bern

Friedrich Brechbühl
Pilatusstraße 4
CH-6210 Sursee

Katy Breitschmid
Im Pfeifengarten 23
CH-4153 Reinach

Irmgard Christoph
Weinbergstraße 20
6924 Neckarbischofsheim

Ben Clevers
Azalealaan 41
B-2241 Halle-Zoersel

Diana Craig
Chichester/England
Kontakt über:
Rotraut von Carnap
Postfach 1145
8047 Karlsfeld
(Bitte frankierten
Rückumschlag beilegen)

Madeleine Elewa-Riedel
Bahnhofstraße 17
CH-9410 Heiden/Appenzell

Karl Emmenegger
Fanghöfli 8
CH-6014 Littau

Evelyne Feigenwinter
Via Cortivallo 10a
CH-6000 Lugano

Angelika von Frankenberg
Hanfelder Straße 95
8130 Starnberg

Beryl Frei-Warburg
Ochsengasse 12
CH-4123 Alschwil

Vrenchy Griffith
Dattenbergrain 1a
CH-6010 Kriens-Luzern

Bruno-Gröning-
Freundeskreis
Grete Häusler
Fasanenweg 12
5202 Hennef 1

Dr. Leonhard Hochenegg
Prinz-Eugen-Straße 1
A-6060 Hall

Erica G. Honegger
Albisriederstraße 356
Postfach 1118
CH-8047 Zürich

German Jost
Quartierstraße 3
CH-5013 Niedergösgen

Helga Kiesel
Zugspitzstraße 6
8255 Schwindegg
bei Mühldorf

Ursula Kress
Kapf 832
CH-9405 Wienacht/Tobel

Bruno Michel
Bruggeregg-Straße 16
CH-9100 Herisau/Appenzell

Hermann Michel
Alte Villmergerstraße 6
CH-5610 Wohlen

Evelyn Moos
Effingerstraße 10
CH-3011 Bern

Elfriede Müller
Gießenweg 9
CH-3084 Wabern

Josef Neumeyer
Marienbergerstraße 7
8200 Rosenheim

Erika Petz
Dresdner Straße 86
8000 München-Moosach

Margarete Rauer
Mollenkotten 80
5600 Wuppertal 2

Jakob Schären
Kurhotel Haltenegg
CH-3625 Heiligenschwendi

Elsa Scheidegger
Lombachweg 7
CH-3006 Bern

Anita Stark
In den Klostermatten 4
CH-4000 Basel

Rolf Stühmer
Winsener Straße 208
2000 Hamburg 90

Nannie Veerman-Croiset
W.de Zwijgerstraße 21
NL-3583 Utrecht

Jao-Lin Wang-San
Winkelrainweg 12
CH-8102 Oberengatringen

Elisabeth Wenk
Chemin Rondelle 10
CH-2533 Evilard

Suzan Wiegel
Seestraße 28
8036 Herrsching
ab Mai 1991:
Müllerstraße 1
8000 München

Peter Wüthrich
Grünaustraße 117
CH-5712 Beinwil am See

Bildnachweis

1. a) Gröning: Grete Häusler, Hennef
   b) Gröninggemeinschaft: Christine Strub, München
2. Suzan Wiegel: Schreiber
3. Erika Petz: Schreiber
4. Angelika von Frankenberg: Schreiber
5. Liselotte Baertz: actuelle, München
6. Rolf Stühmer: Rüffler / Schawo
7. Margarete Rauer: Privat
8. Josef Neumeyer: Petzhold / Schawo
9. Helga Kiesel: Privat
10. Irmgard Christoph: Privat
11. Evelyn Moos: Hans Haas, München
12. Anita Stark: Hans Haas, München
13. Ursula Kress: Privat
14. Elisabeth Wenk: Hans Haas, München
15. Erica Honegger: Carmen-Litta Magnus, München
16. Erica Blöchlinger: RDZ / Carmen-Litta Magnus
17. Karl Emmenegger: Privat
18. Jao-Lin Wang-San: RDZ / Carmen-Litta Magnus
19. Jakob Schären, Hans Haas, München
20. Evelyne Feigenwinter: RDZ / Katja Snozzi
21. Vrenchy Griffiths: Carmen-Litta Magnus, München
22. German Jost: Hans Haas, München
23. Madeleine Elwa-Riedel: Privat / Schawo, München
24. Elfriede Müller: Hans Haas, München
25. Friedrich Brechbühl: Hans Haas, München
26. Peter Wüthrich: Hans Haas, München
27. Hermann Michel: Fotoatelier Meyer, Wohlen

28. Bea Grau-Biggeli: Foto Wanzenried, Thun (Schweiz)
29. Beryl Frei-Warburg: RDZ / Carmen-Litta Magnus
30. Mina Beckmann: RDZ / Carmen-Litta Magnus
31. Elsa Schweidegger: Privat / Blick
32. Lili Albertini: RDZ / Carmen-Litta Magnus
33. Katy Breitschmidt: Privat
34. Bruno Michel: Foto Windler, Herisau (Schweiz)
35. Dr. Leonhard Hochenegg: Rolf Hayo, Heimstetten
36. Käthe Bachler: Veritas Verlag, Linz
37. Ben Clevers: Privat
38. Nannie Veermann-Croiset: Roy Beusker, Gravenhage
39. Diana Craig: Privat
40. Tatjana Nikolajewna Antonova: Vlcek / Baumgart

Verlag Hermann Bauer · Freiburg im Breisgau

Silvia Wallimann

Mit Engeln beten

3. Aufl., 346 S. mit 2 Farbtafeln, geb. ISBN 3-7626-0390-1

Silvia Wallimann ist eine der bekanntesten Sensitiven im europäischen Raum. Ihre vielfältigen Erleuchtungserlebnisse haben ihr Einblicke in Welten gegeben, die der menschichen Wahrnehmung normalerweise verschlossen bleiben. Dieses Buch schöpft aus den faszinierenden Erfahrungen der Autorin mit der anderen Welt.

Baldur R. Eberting

Wenn die Seele den Körper nicht gesunden läßt

265 S. mit 15 Abb., geb. ISBN 3-7626-0388-X

Dieses Buch beschreibt die Polarität zwischen Gesundheit und Krankheit. Dabei beleuchtet es die psychosomatischen Zusammenhänge bis hin zu einer »Ausdruckssprache« der menschlichen Seele. Ein weiterer Ansatzpunkt umfaßt die Gedanken der Reinkarnation und die Wirkung von negativer Gedankenkraft, Verwünschungen und Flüchen. Ganzheitliche Zusammenhänge vermitteln dabei völlig neue Einsichten.

Choa Kok Sui

Durch kosmische Energie heilen

298 S. mit 27 fbg. Abb. und 72 Zeichn., geb. ISBN 3-7626-0376-6

Dieses praktische Handbuch kann jedem von Nutzen sein, der seine natürliche Heilfähigkeiten entwickeln und einsetzen möchte. Der Autor zeigt, wie man im Einklang mit den Naturgesetzen leben kann und erklärt den Vorgang paranormaler Heilung Schritt für Schritt. In kurzer Zeit wird der Leser mit erstaunlich einfachen und leicht nachvollziehbaren Techniken zur Heilung zahlreicher Leiden bekanntgemacht.

Verlag Hermann Bauer · Freiburg im Breisgau

Verlag Hermann Bauer · Freiburg im Breisgau

Tom Johanson

Zuerst heile den Geist

2. Aufl., 224 S. mit 5 Zeichn., kart. ISBN 3-7626-0620-X

Dieses Buch befaßt sich mit den Problemen der Neurosen und der psychosomatischen Störungen. Es ist nicht für den akademisch ausgebildeten Psychiater gedacht, sondern für alle, die psychisch kranke Menschen betreuen und mit ihnen leben. Aber auch der Kranke selbst kann von diesem Buch profitieren, denn es hilft ihm, zu erkennen, wo die Ursache für seine Probleme liegen.

Tom Johanson

Heilkraft, die von innen kommt

2. Aufl., 154 S., kart. ISBN 3-7626-0300-4

Der Autor erklärt Aspekte der Natur des Menschen und der Krankheit sowie des Glaubens an eine vorgeburtliche Existenz der menschlichen Seele, das Karma. Dieses Karma ist die Erklärung für menschliches Leiden. Wenn wir krank sind, ist es unser disharmonischer Geist, der als eigentliche Ursache der Krankheit behandelt werden muß. Johanson führt Beispiele an und erklärt, wie der einzelne seinen disharmonischen Geist korrigieren kann.

Tom Johanson

Durch Schatten zum Licht

198 S., geb. ISBN 3-7626-0348-0

Die älteste Weisheit der Welt berichtet davon, daß wir ins bewußt dem Göttlichen vereinen können, während wir uns in unserem Körper befinden. Dazu ist der Mensch geboren. Verfehlt er aber seine Bestimmung, dann hat es die Natur nicht eilig. Sie wird ihn eines Tages einholen und ihn dazu zwingen, den geheimen Zweck seines Daseins zu erfüllen.

Verlag Hermann Bauer · Freiburg im Breisgau